마음을 견고히 하라

How to Respond to Disaster
by Bill Johnson

Originally published in the USA by
Destiny Image a division of Nori Media Group
Shippensburg, PA
Under the title
How to Respond to Disaster
Copyright © 2020 Bill Johnson

Korean Translation Copyright © 2020 by Pure Nard
2f 16, Eonju-ro 69-gil Gangnam-gu, Seoul, Korea

The Korean edition is published by arrangement with Destiny Image.
All rights reserved.

본 저작물의 한국어판 저작권은 Destiny Image와의 독점 계약으로
'순전한나드'가 소유합니다. 저작권자의 허락 없이 책의 일부 또는 전체를
무단 복제, 전재, 발췌하면 저작권법에 의해 처벌을 받습니다.

＊이 내용은 빌 존슨 목사의 "하나님은 선하시다"에서
　발췌한 특별한 메시지다.

두려움과 위기, 불확실한 시대에
믿는 자들을 위한 영혼의 메시지

마음을 견고히 하라

How to Respond to Disaster

빌 존슨 지음 | 서은혜 옮김

목차

들어가는 글 • 5

1장 우리에게는 아버지가 있다 • 9

2장 예수 그리스도, 완벽한 신학 • 49

3장 그분의 잘못이 아니다 • 83

4장 감사함으로 지옥을 무장 해제시키기 • 109

들어가는 글

하나님은 선하시다. 이 진리는 우리 믿음의 견고한 기반이고, 기독교 신학의 초석이며 우리가 움직이고 기능하는 위치이며 자리이다.

이 책은 빌 존슨 목사의 주요 가르침을 발췌한 것으로, 두려움과 위기 그리고 불확실성의 시대에 믿는 자들에게 영혼의 닻을 제공한다.

예기치 못한 고난에 "어떻게 대응하는가"에 바로 뛰어들기 전에 잊지 말아야 할 첫 번째 진리는 우리에게 아버지가 있다는 사실이다. 그리고 우리는 예수님을 통해 하늘 아버지가 누구시고 어떤 분이신가를 분명하게 보게 된다. 그분은 선하신 분이다!

우리는 "하나님이 누구신가"의 관점으로 현재 상황에 대응하게 된다(반응하는 것이 아니다). 질병에서 금융 대란에 이르기까지, 그리고 관계의 어려움에서 세계적인 재난에 이르기까지, 예수님을 통해 계시된 하나님 아버지의 성품과 본성에 비추어 보면, 우리는 모든 것이 적절한 위치(자리)에 있는 것을 발견하게 된다. 그분은 우리가 겪고 있는 모든 상황에 대해 말씀하고 계신다. 그리고 하나님의 말씀은 항상 그분이 어떤 분이신가와 긴밀하게 연관되어 있다. 그것은 바로 그분이 선하시다는 사실이다!

오늘 당신에게 무슨 일이 닥쳐오든지, 당신의 삶을 변화시킬 이 책을 즐겨 읽으라. 그리고 이 말씀으로 당신의 마음을 견고히 하라. 당신에게는 아버지가 있다. 예수 그리스도께서 그분이 어떤 분인지 드러내신다. 당신에게는 성경이라는 청사진이 있다. 성경은 안정감과 확신 그리고 승리의 위치에서 당신에게 닥쳐오는 모든 상황을 다스릴 수 있게 해준다. 예수님이 당신을 위해 승리하셨기 때문이다.

마음의 중심을 잘 잡고 흔들리지 말라. 문제를 외면하면서 그것을 믿음이라는 말로 포장하지 말라. 어떤 위기나 재난이 예수님의 이름보다 높아지지 못하게 하라.

래리 스파크스
데스티니 이미지 출판사

우리에게는
아버지가
있다

1장

> 당신은 이 사람이 하나님의 아들이었고 현재도 하나님의 아들인지, 그게 아니면 정신이상자나 그보다 더한 존재인지 선택해야 한다. 당신은 그를 어리석은 자로 치부하여 침을 뱉고, 악령으로 여겨 죽일 수도 있고, 그의 발에 엎드려 주 하나님이라고 부를 수도 있다. 하지만 그가 위대한 인간이며 위대한 선생이라는 터무니없는 말을 선심 쓰듯 하지 말라. 그분은 우리에게 그런 여지도 주지 않으셨고, 그런 것을 의도하지도 않으셨다.
>
> — C. S. 루이스의 《순전한 기독교》에서

예수님은 왜 인간이 되어 이 땅에 오셨을까? 이것은 믿는 자들이나 믿지 않는 자들이 쉽게 던지는 질문이다. 나는 이 질문의 답을 성경에서 찾고 싶었다. 그래서 몇 년 전 하나님의 아들이신 예수님이 왜 이 땅에 와서 인간이 되셨는가에 대한 답을 찾기 위해 신약 전체를 읽기 시작했다. 그렇게 연구하여 정리한 내용을 어디에 두었는지 기억이 나지 않지만, 일부 구절들과 내용은 다음과 같다.

1. 예수님은 우리의 죄를 대속하기 위해 오셨다(요한1서 2:2, 3:5).

2. 그분은 우리가 죄로 인해 마땅히 받아야 할 벌을 대신 지기 위해 오셨다. 그리고 그분만이 마땅히 받을 수 있는 영생을 우리가 받을 수 있도록 하셨다(로마서 5:6-11).

3. 그분은 악한 자의 일을 멸하러 오셨다(요한1서 3:8).

4. 그분은 마귀의 어리석음을 널리 드러내고, 십자가의 지혜를 나타내기 위해 오셨다(골로새서 2:15).

5. 그분은 우리가 풍성한 삶을 살게 하려고 오셨다(요한복음 10:10).

6. 그분은 하나님 나라, 곧 그분의 통치 영역과 영향력을 현재 시제로 인식하게 하려고 오셨다(마태복음 6:10).

7. 예수님은 사람들의 생명을 멸하러 오신 것이 아니라 구원하기 위해 오셨다(누가복음 9:56).

이것은 전체 내용을 정리해 놓은 것은 아니다. 그렇지만 내가 말하려는 요지를 표현하기에는 충분하다. 나는 이 주제를 면밀하게 연구했지만, 그분이 오신 가장 중요한 목적을 놓치고 있었다. 그분은 아버지를 나타내기 위해 오셨다. 여기에 정리해 놓은 것들은 사실 이 중요한 목적에 따르는 부수적인 것들이다. 예수님은 고아들의 세상에 가장 필요한 존재, 곧 아버지이신 하나님을 계시해 주러 오셨다.

불행하게도 이 놀라운 계시가 오늘날의 깨어진 가족 문화 아래서 방치되고 있다. 너무나 많은 이들이 육신의 아버지의 무관심과 학대 가운데 고통 받으면서, 이 놀라운 계시를 잃어버렸다. 그러나 이 계시가 인간의 깨어짐과 필요에 이렇게 탁월하고 합당한 해결책이 되는 시기도 없었다. 인류의 불행과 재난 대부분은 이 하나의 계시로 치유받게 될 것이다. 예수님은 우리의 초점과 관심, 그리고 애정을 선하신 아버지께 맞추게 하려고 오셨다. 진실로 우리의 아버지는 철저하고 온전하게 선하신 분이다.

**예수님은 고아들의 세상에 가장 필요한 존재,
곧 아버지이신 하나님을 계시해 주러 오셨다.**

하나님의 선하심이 구약에 나타나지 않은 것은 아니다. 사실 하나님의 선하심은 구약에서 계시되기 시작한다. "여호와는 선하시며"(나훔 1:7). 이 계시는 구약 전반을 수놓으며 반역하는 백성을 향한 그분의 자비를 지속적으로 보여 준다. 이스라엘은 거듭해서 사람의 손으로 만든 우상을 숭배하고 주변 나라들의 성적인 죄에 빠짐으로 재앙을 자초했다. 그럼에도 그들이 하나님께 부르짖으면, 그분은 꾸짖거나 징벌하지 않고 그들을 구해 주셨다. 그분의 선하심은 성경 전체에 흐르고 있다. 그런데도 전쟁이나 심판, 질병이나 재앙이 올 때, 어떤 사람들은 어찌할 바를 알지 못한다. 예수님은 이 땅에 오셔서 하나님의 선하심을 보이심으로, 이 새로운 기준을 절대 잊을 수 없게 하셨다. 하나님의 선하심이 예수님 안에서 구현되어 눈으로 볼 수 있게 된 것이다. 그것은 맛보아 알 만한 가치가 있다(시편 34:8).

하나님의 선하심에 대한 신비와 계시가 모두 예수님 안에 담겨 있다. (예수님이 왜 이 땅에 오셨는지에 대한 수많은 계시가 담겨 있는) 요한복음을 살펴보면, 예수님을 보는 것은 곧 아버지를 보는 것이라는 사실을 깨닫게 된다(요한복음 14:9). 또 예수님이 오직 아버지께서 말씀하시는 것만 이야기하신다는 것(요한복음 12:49-50)과 아버지께서 행하시는 것만 행하신다는 것도 발견하게 된다(요한복음 5:19). 즉, 우리가 사랑하고 열망하는 예수님의 모든 것이 실은 아버지를 그대로 나타내고 있는 것이다. 하나님은 그런 아버지이시며, 그 아버지는 선하시다.

역사를 통해 하나님께서는 다양한 예언자를 통해 여러 방법으로 우리 조상들에게 말씀하셨습니다. 그분은 한 번에 조금씩 계시를 주셔서, 진리 위에 진리를 세워 나가십니다. 그렇지만 이 마지막 때를 사는 우리에게 하나님께서는 지금 공공연히 만물의 상속자이신 자기 아들의 언어로 말씀하십니다. 왜냐하면 예수를 통해 하나님께서는 모든 시대의 모든 것을 연달아 창조하셨기 때문입니다. 그 아들은 하나님의 눈부신 영광의 광채이고, 하나님 본체의 정확한 나타남으로 거울 속의 형상과 같습니다. 히브리서 1:1-3 패션 번역본

위 구절은 성경에서 참으로 멋진 부분으로, 예수님이 아버지의 본성과 인격을 정확하게 대변한다고 말하고 있다. 그분은 아버지의 본성에서 나오신 분으로, 아버지의 영광(출애굽기 33:18-19의 선하심을 기억하라)을 드러내신다. 예수님은 제자들에게 자신이 아버지에게 가면 위로자이신 성령님을 보내 주실 것이라고 말씀하시며 매우 특별한 단어를 사용하셨다. "내가 아버지께 구하겠으니 그가 '또 다른' 보혜사를 너희에게 주사 영원토록 너희와 함께 있게 하시리니"(요한복음 14:16). 여기에서

"또 다른"에 해당하는 헬라어는 '똑같다'는 의미이다.

예를 들자면, 나는 이 책을 쓰면서 거실에 있는 가구를 보고 있다. 벽난로 앞에 같은 모양의 소파가 마주보고 있는데, 마치 거울에 비친 모습 같다. 가족실에 또 다른 소파가 있지만, 그 색이나 모양, 크기가 거실에 있는 두 개의 소파와는 상당히 다르다. 말하자면, "가족실에 또 다른 소파가 있다"라고 할 수 있다. 그렇지만 요한복음 14장에서 사용된 단어를 사용할 수는 없다. 왜냐하면 가족실에 있는 것도 소파이기는 하지만, 거실에 있는 두 개의 소파와 똑같은 것은 아니기 때문이다.

무슨 말인가? 우리가 예수님을 볼 때, 아버지를 보는 것과 마찬가지라는 것이다. 그리고 예수님은 자신과 "똑같은" 성령님을 보내 주셨다. 다시 말해, 하나님은 바로 이 시점에 역사에 침투하여 그 흐름을 변화시키는 데 필요한 계시를 놓치는 일이 없도록 확실히 하고 싶으셨다. 그것은 우리 하나님이 선하고 온전하신 아버지라는 계시이다.

예수님은 아버지를 계시해 주신다. 그 아버지는 학대하거나 자기 잇속만 차리는 분이 아니다. 지금 우리 안에 거하는 성령님은 온전하고 선하신 아버지에 대한 경이로움과 아름다움을 다시 확인시켜 주신다. 그분은 우리 안에서 역사하시며 아버지와 깊이 연결시켜 주셔서 정체성과 목적과 소명 그리고 무한한 자원을 인식하여 삶의 목적을 이루게 해 주신다. 성령님이 우리 안에서 온전히 역사하실 수 있게 되면, 모든 선한 것과의 관계가 강화되고 분명해진다. 이것이 바로 아버지이신 하나님이 그분의 선하심을 궁극적으로 보여 주신다는 계시이다.

훈계의 아름다움

여기서 말하는 완벽한 아버지는 자녀들을 훈계하지 않는 사람이 아니다. 사람들은 훈계에 대한 주제는 듣고 싶어 하지 않는데, 이것은 대단히 중요하고 꼭 필요한 것이다. 핵심은 그분이 우리를 너무나 사랑하셔서 현재 모습 그대로 내버려 두실 수가 없다는 것이다. 가장 중요한 몇 가지 변화는 이런 맥락에서만 일어난다. 성경에

의하면, 훈계는 우리가 그분의 아들과 딸이라는 것을 증명해 준다(히브리서 12:7-8). 훈계가 없는 자들은 진정한 상속자도 자손도 아니다. 그들은 가짜다. 말은 쉽게 할 수 있다. 그러나 우리는 훈계 없이 자녀라는 것을 확실하게 보여 줄 수 없다.

아내 베니와 아이들을 키우면서 훈계를 감정의 폭발이 아니라 하나의 사건으로 다루기로 했다. 감정의 폭발은 아이가 아니라 부모를 위한 것이다. '저 아이가 내 뜻을 거역했네. 그러니 혼을 내줘야겠어!' 하면서 몸집이 더 큰 사람이 소리치거나 때리는 것이다. 이상하게도 부모는 그렇게 하는 것이 옳다고, 적어도 아이가 사회에 감당 못할 손해를 끼치지 않도록 애쓰고 있다고 생각한다. 우리는 모두 자녀들에게 좋은 양육자가 되길 원한다.

베니와 나는 절대 분노의 감정으로 아이들을 훈계하지 않기로 결심했다. 감정의 폭발이나 분노는 사랑으로 자녀를 염려하는 것이 아니다. 엉덩이를 때리거나 폭언을 퍼붓는 것은 자녀의 인격을 올바르게 형성하는 데 도움이 되지 않는다. 감정적인 반응은 우리의 의도를 훼손한다. 그 순간의 훈계는 부모의 분노가 풀어지는 통로가 되어 아이의 행복이나 올바른 성품 형성에 악영향을 미친다. 우리가 관점을 바꾸면 방법을 바꾸게 되고, 방법을 바꾸면 결국 결과가 바뀐다.

우리가 세운 계획은 다음과 같다. 아이를 훈계하기 전에 마음을 준비하는 시간을 갖기 위해 아이를 방으로 보낸다. 그리고 나를 위해서가 아니라 아이를 위해 아이의 방으로 갈 것을 확실히 한다. 단호하되 화를 내서는 안 되며, 긍휼한 마음을 갖되 경솔하지 않아야 한다.

흥미로운 것은 훈계 받은 아이가 그날 저녁 내내 내 무릎에 앉아 함께 게임을 하면서 시간을 보내고 싶어 한다는 사실이다. 올바른 훈계는 신기하게도 부모와 자녀를 연합시킨다. 관계를 분열시키지 않는다.

예수님은 이것에 대해 요한복음 15장에서 말씀하셨다. 15장은 포도나무와 농부 그리고 열매에 관한 내용이다. 훈계를 설명하기 위해 예수님은 가지치기를 예로

드신다. 하나님은 모든 성장과 성숙에 가지치기를 상으로 주신다. 훈계는 무언가 잘못되었을 때만 필요한 것이 아니다. 돌봐 주는 이 없이 방치된 포도나무는 거의 열매를 맺지 못하는 상태가 될 것이다. 포도나무의 모든 에너지가 가지와 잎사귀를 자라게 하는 데 쓰이기 때문이다. 하나님은 우리 삶의 열매에 관심이 많으시다. 그래서 바로 그 중요한 것을 지키기 위해 필요한 모든 조치를 취하신다.

그대로 두면, 우리는 외형적(종교적-능력 없이 경건의 모양만 있는)으로만 성장하게 된다. 아담과 하와가 자신들의 벌거벗음을 나뭇잎으로 가린 것같이, 우리도 본질적으로 그리스도를 닮아가는 것이 아니라 외적인 성장 뒤로 미성숙함을 감추게 된다. 예수님을 닮아가는 열매가 있어야 한다. 그것은 돌이킴과 기적과 기도 응답과 변화된 삶이다. 예수님이 말씀하셨다.

> 나는 참 포도나무요 내 아버지는 농부시니 내 안에서 열매를 맺지 아니하는 모든 가지는 그분께서 제거하시고 열매

를 맺는 모든 가지는 깨끗하게 하사 그것이 더 많은 열매를 맺게 하시느니라 이제 너희는 내가 너희에게 일러 준 말로 깨끗하게 되었으니 요한복음 15:1-3 킹제임스 흠정역

참으로 흥미로운 말씀이다. 예수님은 그들의 삶에 가지치기가 있을 것을 알려 주신다. 그런데 이어서 "너희는 내가 너희에게 일러 준 말로 깨끗하게 되었으니"라고 말씀하신다. '깨끗하다'와 '가지치다'에 해당하는 원어는 기본형이 동일하다. 즉, 본문은 우리가 그분의 말씀과 음성을 통해 깨끗하게 된다(훈계를 받는다)고 말씀하시는 것이다. 생각해 보라. 그분이 우리에게 말씀하실 때 가지치기, 즉 훈계가 일어난다. 이것은 놀라운 일이다.

나는 삶에 좋지 않은 상황이 생기면 그분의 훈계라고 생각하며 자랐다. 그러나 이것은 예수님이 제자들에게 교훈하신 내용과 맞지 않는다. 이후로 나는 좋지 않은 상황은 우리가 자초하는 경우가 많지만, 그로 인해 그분의 음성을 듣는 자리로 돌아가게 된다는 것을 배웠다. 요나

를 삼킨 큰 물고기는 주님의 훈계가 아니었다. 그가 하나님(음성)을 피하다가 그 '벽(큰 물고기)'을 들이받게 된 것이다. 그런데 그 물고기가 요나를 하나님의 음성을 듣고자 하는 그 자리로 다시 데려가 주었다.

나는 이런 상황들은 절대 훈계가 아니라는 말을 하는 것이 아니다. 다만 그런 때에도 주님이 우리에게 필요한 변화를 일으키기 위해 말씀하시고 싶어 한다는 사실을 말하는 것이다. 그분이 말씀하시고 우리가 진심으로 들으면 많은 일이 일어난다. 그러므로 항상 그분이 의도하신 대로 말씀을 행하는 자가 되자(야고보서 1:21).

제자들을 훈계하시다

누가복음 9장은 성경에서 가장 흥미롭고 재미있는 부분 중 하나이다. 제자들이 어리석게 행하고 말할 때, 예수님이 어떻게 그들을 다루시는가를 볼 수 있어 연구해 볼 가치가 있는 장이다. 예수님은 제자들을 매우 능력 있게 해 주셨다. 그런데 그들은 예수님이 세워 놓은 기준과는 맞지 않는 행동을 하고 있다.

열두 제자는 예수님의 이름으로 사역하도록 권능과 권위를 받은 다음(2절) 하나님 나라의 복음을 전하기 위해 둘씩 짝을 지어 그들의 고향으로 파송되었다(누가복음 9:6). 그들은 돌아와서 자신들이 말하고 행한 것을 예수님께 보고드렸다. 그들은 예수님 없이도 그분이 하신 일들을 행하여 흥분하고 들떴던 것이 분명하다. 자기들의 말과 손을 통해 기적이 일어난 것이다. 그런데 예수님은 그들의 이름이 하늘에 기록된 사실을 기뻐해야 한다고 말씀하신다(누가복음 10:20).

사역이 놀랍게 성공한 다음, 이상한 일들이 일어나기 시작했다. 먼저 제자들 사이에 누가 가장 크냐는 논쟁이 있었다. 그들을 통해 나타난 기적 때문에 그들이 이런 식으로 생각하기 시작했다고 상상할 수밖에 없다. 제자들이 둘씩 짝을 지어 나갔다는 것을 기억하라. 이는 그들을 통해 놀라운 일이 일어났을 때 나머지 열 명은 함께하지 않았음을 의미한다. 그들은 다른 제자들도 자신들만큼 특별한 일들을 경험했다는 것을 상상하기 어려웠을 것이다.

예수님은 제자들이 무슨 이야기를 하고 있는지 아시고 지금이 가지치기를 해야 할 때라는 것을 깨달으셨다. 그들이 생각하는 '큰 자'의 개념이 그들을 통해 나타난 기적에 근거한 것이라면 정말 큰 일이었다. 그런 가지가 그대로 자라도록 내버려 둔다면, 하나님의 영광을 위해 지속적으로 열매 맺을 가능성이 완전히 사라져 버리게 될 것이다. 그래서 예수님은 아이들을 가리키시며 하나님 나라에서 진정한 위대함이 어떠한 모습인지 알려 주신다. "…너희 모든 사람 중에 가장 작은 그이가 큰 자니라"(누가복음 9:48). 예수님은 나눔으로 얻고 낮아짐으로 높아지는 하나님 나라의 신비를 제자들에게 한 번 더 소개하셨다.

예수님이 제자들에게 누가 크냐에 정신이 팔려 있다고 말씀하시자마자, 그들은 또 다른 실수를 범한다. 누군가 예수님의 이름으로 악령을 쫓아내는 것을 보고 그를 꾸짖으며 하나님 나라의 특권을 지키려 한 것이다. 그들은 마치 "그래, 맞아. 우리는 서로 더 나을 게 없지만, 적어도 그 사람보다는 나아!"라고 말하는 것 같다. 그들은 다른 이들과 달리 예수님께 나아갈 수 있었다. 그래서 "많이 맡은 자에게는 많이 달라 할 것이니라"(누가복음 12:48)는 말씀을 개인적 책임감보다는 성취감의 잣대로 받아들이고 있었던 것이다. 그들은 중요한 것을 놓치고 있었다.

예수님은 한 번 더 그들의 인생을 바꿀 만한 말씀을 해 주신다. "그를 막지 말라. 우리를 반대하지 않는 자는 우리를 위하는 자니라"(누가복음 9:50). 기억하라. 예수님은 이대로 계속 자라다가는 장래에 열매 맺지 못하게 될 가지를 쳐내실 것에 대해 훈계하고 계신다. 엘리트 의식을 지금 다루지 않으면 장래에 비싼 대가를 치르게 될 것이다. 또한 제자들은 외부 사람들의 도움이나 지지를 받게 될 수도 있다는 것을 알 필요가 있었다. 요한복음 15장 3절에 언급된 대로, 이렇게 주님의 말씀이 선포되면서 그들이 깨끗하게 가지치기 되고 있었다. 예수님은 항상 마음의 문제를 언급하셨다. 그 말씀을 받아들이면 우리가 변화된다.

"그러므로 모든 더러운 것과 넘치는 악을 내버리고 너희 혼을 능히 구원할 바 마음에 심어진 말씀을 온유함으로 받으라"(야고보서 1:21).

그것으로 끝이 아니었다. 제자들의 마음의 문제는 가장 좋지 않은 시기에 커지다가 표면으로 드러나는 것만 같았다. 이 장에 위대한 실험이 기록되어 있다는 것을 기억하라. 주님은 너무도 불완전한 제자들에게 능력을 주셨다. 바로 다음 장면에서는 야고보와 요한이 한 성 전체에 불을 내리려 하는데, 그곳 사람들이 그들의 사역을 거절한 것이 그 이유였다. 지금 살인의 영이 성안의 모든 시민을 실제로 죽이고 싶어 할 정도로 강하게 제자들 가운데 역사하고 있다. 분명 누군가를 죽이려는 마음은 잘못된 것이다. 기분을 풀기 위해 복수해야 한다는 것은 발전시키고 확장시키기에는 불안한 근거이다. 생각, 신념 그리고 개념 등과 같은 가지는 훈계를 통해 다루어야 한다.

**심판의 날은 그분 손에 있고,
자비의 날은 우리 손에 있다.**

제자들은 최근에 다녀온 선교 여행에서 하나님이 자신들의 사역을 통해 어떤 종류의 일을 행하시는 것을 보았기에, 예수님이 허락하시면 하늘에서 불을 내릴 수 있다고 생각한 것일까? 이러한 가지가 그대로 자라게 내버려 두면, 포도나무 전체의 목적에 위협이 될 수도 있었다. 예수님은 다음의 말씀으로 그들의 마음을 드러내신다. "너희가 어떤 영에 속해 있는지 너희가 알지 못하는도다. 인자는 사람들의 생명을 멸하러 오지 아니하고 구원하러 왔느니라"(누가복음 9:55-56).

킹제임스 번역본에 의하면, 제자들이 엘리야를 예로 들며 "주여, 엘리야가 행한 것같이 불이 하늘로부터 내려와 저들을 멸하도록 우리가 명령하기를 원하시나이까?"(누가복음 9:54)라고 물었다고 강조한다. 재미있는 것은 우리가 속으로 잘못되었다는 것을 알면서도 그것을 정당화할 성경구절을 찾는 경우가 너무나도 많다는 사실이다. 제자들은 예수님이 사람들에게 다가가는 모습을 이미 목격했고. 그분의 마음이 위대한 긍휼과 자비로 충만하다는 것을 알고 있었다.

흥미롭게도 엘리야의 시대에는 불을 내리는 것이 완벽한 것이었지만, 예수님의 시대에는 매우 잘못된 것이었음을 주목하라. 엘리야는 자신의 과업을 완벽하게 수행했다. 그의 임무는 아버지를 드러내는 것이 아니었다. 예수님은 그러한 행위가 아버지에 대한 계시를 훼손하고 손상시키게 될 것을 아셨다. 그래서 제자들에게 그들이 다른 영에 의해(속하여) 한 성에 불을 내리려 하는 것이라고 말씀하신 것이다.

이어서 예수님은 자신이 이 땅에 오신 이유를 언급하셨다. 그분은 사람들의 생명을 멸하러 오신 것이 아니라 구원하러 오셨다. 더 많은 사람이 이 말씀을 받아들였으면 좋겠다. 한번은 어떤 여자분이 샌프란시스코에 심판이 임하기를 구하는 기도에 내가 동의하지 않는다는 이유로 예배실 뒷문에서 나를 욕하고 꾸짖었다. 심지어 나에게서 악령을 쫓아내려고 했다. 다행히 그녀가 그렇게 하자마자 그 자리에 있던 마귀가 떠나갔다. 그 후 나는 친절하게 그녀를 나가는 문까지 안내해 주었다.

내 말을 오해하지 않기를 바란다. 그 도시나 다른 도시들의 죄는 크다. 변명의 여지가 없다. 그러나 용서받을 수 없는 것은 아니다. 지금은 심판의 때가 아니라 위대한 자비의 때다. 심판의 날은 그분 손에 있고, 자비의 날은 우리 손에 있다. 그분의 용서를 받은 우리는 모두 그분의 자비 때문에 그렇게 하고 있는 것이다. 그래서 오직 "하나님, 저는 이 도시의 사람들과 다를 바 없습니다. 당신께서 저에게 보여 주셨던 넘치는 자비를 그들에게도 보여 주십시오"라고 기도하는 것이다.

하나님께서는 좌우를 분간하지 못하는 사람들에게 자비의 손길을 내밀고 싶어 하신다(요나 4:11). 이것은 그들의 지성을 멸시하는 말이 아니다. 옳고 그름을 판별하는 다수의 자격에 대해 말하는 것이다. 지금은 정신 이상을 제정신이라 하고, 잘못된 것을 옳다고 하며, 어리석은 것을 고귀하다고 부르는 시대이다. 책임이라는 이름으로 동물은 보호하면서, 권리라는 이름으로 아기들이 죽임을 당하고 있다. 오직 하나님만 받으시기에 합당한 열정을 제물로 바치며 이 모든 싸움이 벌어지고 있다. 우리의 도시나 나라들에는 하나님의 자비가 간절히 필요하다.

누가복음 9장은 예수님이 견실하지도 성숙하지도 않은 열두 명에게 능력과 권세를 위임하시는 위대한 실험을 기록하고 있다. 누가 가장 큰가에 대해 논쟁하고, 모든 외부 사람들의 활동을 제한하려 한 데 이어 살인을 자행하려 했던 사실 자체가 이들의 상태를 알려 준다. 만약 우리 목회 사역자 중 한 사람이 자신의 사역이 거절당하여 도시를 떠나 달라는 요청을 받았고, 이제 공동체 전체를 폭파시켜 버릴 계획이라고 털어 놓는다면, 나는 그 사람의 사역이 크게 염려되어 적어도 그 사람의 활동을 제한하고 상담을 받게 할 것이다.

이러한 문제들이 일어났는데도 예수님은 놀라지도 않으시는 것 같다. 그분은 어떤 경우든지 말씀으로 바로잡아 주고 방향을 수정해 주실 수 있었다. 어디에서도 그분은 평정을 잃지 않으셨다. 다른 사람들이 그분을 계속 따르는 동안, 그들을 징계하시거나 "앉아서 이야기 좀 하자"라고 하지 않으셨다. 그분이 말씀하시면 그들은 변화되었다. 그리고 이러한 문제들은 결코 다시 일어나지 않았다.

> 무덤은 정돈되어 있고 깨끗하다.
> 그러나 아이들이 가득한 방은 그렇지 않다.
> 한쪽이 살아 있다면, 다른 한쪽은 죽은 것이다.
> 배가를 원한다면,
> 인내하며 인생의 과정 중에 있는 사람들과
> 함께 일하는 법을 배워야 한다.

가장 재미있고 놀라운 일

대부분의 사람들이 열두 명의 제자에게 권세와 능력을 맡기신 것을 실패한 실험이라고 여길 것이다. 그러나 예수님은 그렇게 생각하지 않으신 것 같다. 그 후 그분은 설명할 수 없는 일을 행하시는데, 동일한 능력과 권세를 70명의 사람들에게 주어 보내시며 열두 제자와 동일한 종류의 사역을 하게 하신 것이다. "이 일들 후에 주께서 다른 칠십 명도 임명하시고 주께서 몸소 가시려고 했던 모든 성읍과 마을로 앞서 둘씩 보내시니라"(누가복음 10:1). 놀랍게도 예수님은 우리와 달리 엉망이 되는 것을 두려워하시지 않는 것 같다.

사역에 관해 내가 가장 좋아하는 성경 구절은 잠언 14장 4절이다. "소가 없으면 구유는 깨끗하려니와 소의 힘으로 얻는 것이 많으니라." 사역할 때 대부분의 목표는 엉망이 되지 않는 것이다. 이것이 일반적인 성공의 잣대다. 무덤은 정돈되어 있고 깨끗하다. 그러나 아이들이 가득한 방은 그렇지 않다. 한쪽이 살아 있다면, 다른 한쪽은 죽은 것이다. 배가를 원한다면, 인내하며 인생의 과정 중에 있는 사람들과 함께 일하는 법을 배워야 한다.

예수님은 아버지를 온전히 선하신 분으로 계시해 주신다. 그분은 모든 말(가르침)과 행동(기적과 친절)으로 아버지를 드러내셨다. 그리고 성령님을 보내 주셔서 우리를 통해 그분을 본받게 하신다. 아버지가 어떤 분인지 지속적으로 계시하면서 실수나 실망이 있어서는 안 된다. 그 계시가 예수님을 통해 나타난 것같이 우리를 통해서도 나타나야 한다.

죄로 가득한 도시들을 구하는 비밀

많은 사람이 죄인들을 저주하려 하는데, 그것은 권위와 목적을 오용하는 것이다. 하나님은 우리를 주님의 제사장으로 부르신다(베드로전서 2:9). 제사장적 사역이란 우리가 하나님 앞에서 사람들을 대변하고, 사람들 앞에서 하나님을 대변하는 것이다. 하나님 앞에서 사람들을 대변하는 것이 중보기도 사역이다. 우리가 해야 할 일은 영적인 균형이나 가치가 무너진 장소와 틈에 서서 사람들을 대신해 자비를 구하는 것이다(에스겔 22:30). 우리를 위해 누군가가 그렇게 해 주셨다. 그리고 이제는 우리가 다른 사람들을 위해 그렇게 해야 한다.

슬프게도 에스겔서에는 하나님이 어려움에 처한 자들을 위해 자비를 구하며 부르짖을 사람을 한 사람도 찾지 못하셨다고 언급되어 있다. 누군가를 위해 기도해야 하는 사명을 받고 그런 순간에 저주하는 것은 하나님이 맡기신 책임을 완전히 오용하는 것이다. 그 사명을 오용한 것에 대해 하나님께 설명하는 것은 괴로운 일일 것이다. 어쩌면 이 사명이 성경에서 하나님이 우리의 눈물을 씻어 주실 것이라고 말씀하는 이유 중 하나일 수도 있다.

하나님은 우리가 그분과 동역하기를 갈망하신다. 중보기도가 바로 그런 일이고, 기적의 삶을 사는 것도 마찬가지이다. 예수님은 기적을 가장 많이 목격한 세 개의 성을 꾸짖으셨다(마태복음 11:20-24). 그들은 예수님이 행하시는 일들에 환호하면서도, 자기들에게 계시되고 있는 그 기준에 그들의 삶을 맞추려 하지 않았다. 다시 말해, 회개하지 않았다. 회개는 근본적으로 우리의 생각을 바꾸는 것을 의미한다. 그들은 기적들을 보고도 그들의 사고방식이나 삶에 대한 책임의식을 바꾸지 않았다. 그래서 예수님은 충격적인 결론을 내리셨다. "너에게 행하였던 권능을 소돔에서 행하였더라면 그 성읍이 오늘까지 남아 있었으리라"(마태복음 11:23). 놀랍지 않은가? 예수님이 행하신 사역이 하나님의 심판을 받은 소돔에서 일어났다면, 그 도시가 아직도 남아 있었을 것이다. 소돔이 회개했을 것이라는 말이다! 예수님이 보여 주신 기적들은 소돔을 심판의 도시에서 위대한 유산과 인내를 지닌 목적 있는 도시로 바꾸었을 것이다. 그들의 타락한 상태가 목적과 소명을 쉽게 인식하게 만드는 것이다. 능력은 없고 모양만 있는 종교적인 도시들은 하나님과 그분이 제시하시는 방향의 필요성을 인식하지 못한다.

하나님은 간절히 자비를 보여 주고 싶어 하신다. 그런데 사람들이 한 도시나 유명인사 또는 정치인이나 악한 상사 등을 저주하기 위해 동역하면, 우리가 살아 있는 이유를 거스르는 것이다. 하나님은 중보기도로 틈에 설 사람들을 찾고 계신다. 이유는 그분이 선하시기 때문이다. 또한 자비가 필요한 사람들을 위해 중보하며 막아서는 이들이 없으면, 하나님의 선하심이 나타나는 기회를 놓치게 될 것이다.

이것이 모든 것을 바꾼다

예수님이 말씀하고 행하신 모든 것은 하나의 사명을 완수하기 위해 역사했다. 바로 아버지를 나타내는 것이었다. 내가 이 단순한 사실을 깨달았을 때, 모든 것이 바뀌었다. 그것이 예수님의 모든 말씀과 행동의 흐름이었고 중요한 이유였다. 그분은 이 고아들의 땅에 아버지를 알리셔야만 했다.

예수님이 눈먼 바디매오의 부르짖음에 반응하셨을 때, 그분은 아버지를 대신하시는 것이었다. 우리에게 눈먼 자녀의 눈을 뜨게 하는 능력이 있다면, 그렇게 하지 않을 사람이 한 사람도 없을 것이다. 그것이 바로 아버지들이 하는 일이다. 우리는 상황을 바로잡는다. 그래서 예수님은 눈먼 바디매오의 눈을 뜨게 해 주심으로 그의 문제를 해결해 주셨을 뿐만 아니라, 그에게 새로운 정체성을 주셨다. 바디매오는 예수님께 나아오며, 거지의 겉옷을 던져 버렸다. 그 옷은 구걸을 해도 된다는 표시로 제사장에게 받은 것이었다.

사람들이 간음하다 붙잡힌 여인을 예수님께 데려와 어떻게 하시는지 보려 했을 때도 그분은 아버지를 나타내셨다. 종교 지도자들은 그들이 지켜 왔던 율법에 따라 그 여자를 죽이기 위해 돌을 가져왔다. 그러나 예수님은 다른 사명을 가지고 오셨다. 그분은 몸을 숙이고 땅에 뭔가를 쓰시며, 그 여자에게 돌을 던지려는 사람들에게 이렇게 말씀하셨다. "너희 중에 죄 없는 자가 먼저 돌로 치라"(요한복음 8:7). 흥미롭게도 유일하게 죄가 없는 분은 돌 던지는 것을 완강히 거부하셨다. 대신 아버지를 계시하셨다. 실제로 이 순간에는 아버지와 딸이었다.

여자를 돌로 쳐 죽이려던 사람들은 모두 사라졌다. 예

수님이 쓰신 글귀가 심판에 사로잡힌 사람들이 떠나도록 은혜의 영적 분위기를 풀어놓은 것이다. 그 후 예수님은 우리의 딸이 그와 같은 도덕적 실패에 빠져 수치와 굴욕을 당할 때 누구나 했을 일을 행하셨다. 그분은 그 여자를 섬겨 주셨다. 예수님은 종교 지도자들이 자신을 어떻게 생각할 것인지는 신경쓰지 않으셨다. 무리의 생각도 중요하게 여기지 않으셨다. 오직 아버지만 드러나야 했다. 더 중요한 것은 잃어버린 한 사람, 고아 같은 마음을 드러내는 이 여자에게 아버지를 알려야 했다.

구약 시대였다면 그녀는 돌에 맞아 죽었을 것이다. 예수님의 피가 아직 흘려지지 않았기에 여전히 구약이 작용하고 있었지만, 시대가 달라졌다. 그녀의 죄가 무시되거나 가볍게 처리되지는 않았다. 그녀가 자신을 고소하던 자들이 떠났고, 이제 정죄하는 사람이 한 사람도 없다는 것을 인정하자, 예수님은 다음과 같이 말씀하셨다. "나도 너를 정죄하지 아니하노니 가서 다시는 죄를 짓지 말라"(요한복음 8:11). 그분은 사랑의 말씀으로 그녀를 훈계하셨다.

예수님의 모든 말과 행동은 철저하게 선하신 분이며 온전하신 아버지를 나타냈다. 제자들은 어린이들을 예수님이 섬기는 어른만큼 중요하게 여기지 않았다. 이에 예수님은 그들의 생각을 고쳐 주셨다. 자녀들은 좋은 아버지 주변에 모인다. 그리고 부모들도 좋은 아버지에게 자녀를 맡긴다. 예수님은 단지 제자들이 아직 깨닫지 못하고 있는 이 현상을 설명해 주신 것이었다. 그분은 사람들에게 아버지를 나타내고 계셨고, 아이들은 많은 이들 앞에서 그것을 보았다.

> 그때 사람들이 어린아이들을 주께 데려오니, 이는 그들을 어루만져 주시기를 바람이라. 그러나 제자들이 아이들을 데려온 사람들을 꾸짖더라. 예수께서 그것을 보시고 몹시 언짢아하시며 그들에게 말씀하시기를 어린아이들이 내게 오는 것을 허락하고, 금하지 말라. 하나님의 나라가 이런 자들의 것이니라. 마가복음 10:13-14 한글 킹제임스성경

매 장과 이야기마다 예수님은 말과 행동으로 아버지를 계시해 주셨다. 요한복음 17장에 나타난 예수님의

제사장적 기도는 그분과 하나님 아버지의 가장 친밀한 순간 일부를 보여 준다. 마치 예수님이 이 땅에서 아버지와 어떻게 시간을 보내셨는지 들려 주는 것 같다. 예수님은 이 땅에서 자신의 삶에 대해 뭐라고 이야기하시는가? 이 한 가지 목적만으로도 이 장 전체를 읽을 가치가 있다. 이것을 알면 예수님이 이 땅에 와서 하셔야 했던 것이 무엇이었는지 깨닫게 된다. 예수님은 기도하시며 많은 것들을 언급하셨지만, 나는 이 위대한 요한복음 17장의 내용을 다음의 네 가지로 정리하고 싶다.

1. 내가 그 일을 다 이루었다(4절).
2. 내가 아버지의 이름을 나타내었다(6절).
3. 내가 그들에게 아버지의 말씀을 주었다(14절).
4. 내가 아버지의 이름을 선포하였다(26절).

아버지 앞에서 자신의 사명을 살펴보신 예수님

1. 예수님은 아버지의 일을 이루기 위해 오셨다.

기억하라. 예수님은 이 땅에 머물러 계시는 동안 계속 사람들의 삶을 만지고 고쳐 주셨는데, 이것이 바로 가족의 일이었다. "내가 만일 내 아버지의 일들을 행하지 아니하거든 나를 믿지 말려니와"(요한복음 10:37). 아버지의 역사를 경험하는 사람은 아버지와 대면하게 된다. "그 일들은 믿으라. 그러면 아버지께서 내 안에 계시고 내가 그분 안에 있음을 너희가 알고 믿으리라"(요한복음 10:38). 이것이 바로 창세부터 하나님의 성품이며 마음이었다. 그렇지만 예수님의 때까지는 온전하게 실현되지 않았다.

2. 예수님은 아버지의 이름을 분명하게 보여 주셨다.

이름은 본성과 정체성을 드러낸다. 예수님은 아버지의 본성과 정체성을 나타내셨다. 그분은 아버지의 이름으로 왔다고 선언하셨고 아버지의 이름과 완전한 조화를 이루며 사셨다(요한복음 5:43). 예수님이 행하신 기적들은 아버지의 이름으로 행해졌다(요한복음 10:25). 그분이 아버지의 이름으로 오셨기에 그분의 이름을 믿는 자들에게 하나님의 자녀가 되는 능력과 권위가 주어졌다(요한복음 1:12).

3. 예수님은 사람들에게 아버지의 말씀을 주셨다.

예수님은 하나님의 말씀으로 계시되셨다(요한복음 1:1). 그분은 육신이 되신 말씀으로 표현되었다(요한복음 1:14). 그분은 아버지께서 말씀하시는 것만 전하셨다. 또한 그분의 말씀을 듣고 믿는 자들은 영생을 얻는다고 하셨다(요한복음 5:24). 그리고 그분이 전하신 말씀의 근원을 확인해 주셨다. "사람이 나를 사랑하면 내 말들을 지키리니 내 아버지께서 그를 사랑하실 것이요, 우리가 그에게 가서 우리의 거처가 그와 함께 있게 하리라. 나를 사랑하지 아니하는 자는 내 말들을 지키지 아니하나니 너희가 듣는 말은 내 것이 아니요, 나를 보내신 아버지의 것이니라"(요한복음 14:23-24 킹제임스 흠정역).

세상이 하나님의 말씀으로 창조되었다는 것을 기억하라. 그분이 말씀하실 때마다 창조가 일어났다. 이것은 오늘날에도 마찬가지이다. 하나님께서 말씀하시는 것을 말하는 것이, 그분의 생명과 사랑과 임재를 이 세상에 풀어놓는 방법 중 하나다.

4. 예수님은 아버지의 이름을 선포하셨다.

그분은 이미 자신이 아버지의 이름을 분명하게 보여 준다고 말씀하셨다. 그런데 이제는 아버지의 이름이 선포되어야 한다고 강조하신다. 어떤 것은 선포되어야 완전히 효력이 나타난다. 예수님은 아버지가 어떤 분이신지에 대한 하늘의 선언이다. 아버지는 바로 예수님과 똑같은 분이다. 우리는 복음서 곳곳에서 예수님이 자신의 모든 말과 행동이 아버지로부터 왔다고 선언하시는 모습을 본다. 그분은 스스로 어떤 영광도 취하지 않으셨고, 단지 해야 할 말을 선언하고 계실 뿐이라고 하셨다.

> 하나님께서 말씀하시는 것을 말하는 것이
> 그분의 생명과 사랑과 임재를
> 이 세상에 풀어놓는 방법 중 하나다.

그것은 분명한 사명이다

아내와 나는 위탁 부모로 수차례 아이들을 맡아 보호해 왔다. 부모가 자살한 두 형제를 돌본 적도 있는데, 아버지의 학대로 어머니가 자살하고, 6개월쯤 후에 아버지도 목숨을 끊었다고 한다. 우리 집에서 몇 주를 지낸 후, 감사하게도 상담 교사는 그 아이들에게 더 이상 상담이 필요하지 않다고 말했다. 아이들은 우리가 자신들을 사랑한다는 것을 알고 마음과 생각의 평안을 경험하기 시작했다. 하지만 그들이 처음 우리 집에 와서 하루 이틀은 매우 흥미로운 일이 있었다.

저녁 식사 시간이 되자, 아이들은 손에 닿는 모든 음식을 움켜쥐고 접시를 감싸 안으며 누구도 빼앗아 가지 못하게 했다. 그들은 고아들이 어떻게 사는지를 보여 주었다. 우리는 아이들에게 미소 지으며 원하는 만큼 먹을 수 있고, 내일도 음식이 충분할 것이라는 확신을 주었다. 시간은 조금 걸렸지만, 아이들은 이제 우리와 함께 지내기에 음식이 안정적으로 공급된다는 것을 깨닫게 되었다.

고아들은 자기가 사랑받는다는 것을 아는 아이들과는 다른 모습으로 살아간다. 자기 보호나 자기 과시는 건강한 아이들에게 나타나는 행동 양식이 아니다. 안정적인 아이는 주목을 받으려 애쓰지 않고, 다른 아이들의 재능이나 자질을 오히려 칭찬해 준다. 사방이 고아들 천지이다. 우리의 이웃이나 상사, 교회 친구, 중동 지역의 분쟁이나 정당 간의 싸움에 대한 것이든지 문제는 우리가 고아들에게 인도받고 양육 받고 있다는 사실이다. 그들에게는 답이 없다. 그들에게는 단지 고통을 줄이는 다양한 방법들만 있을 뿐이다.

이제 하나님의 사람들이 일어날 때다. 우리에게는 놀라운 아버지를 스스로 깨달을 수 있는 특권이 있어 모든 음식을 자기 그릇에 쌓아 놓으려 하는 우리의 문제를 단번에 처리할 수 있다. 또한 우리가 극복했기 때문에 다른 사람들에게 아버지를 알리고 스스로 경험할 수 있게 기회를 줄 수 있다.

예수님은 제자들에게 다음과 같은 사명을 주셨다. "내 아버지께서 나를 보내신 것같이 나도 너희를 보내노라"

(요한복음 20:21). 이제 당신은 예수님의 사명이 아버지를 나타내는 것임을 깨달았을 것이다. 이 구절에서 예수님은 이 사명을 우리에게 넘겨주신다. 그렇게 하시며 우리의 목적이 그분과 동일하다는 것을 분명히 하신다. 우리는 지금도 그분이 사랑하시는 세상에 살고 있다. 이 세상은 좌우를 분간할 줄 모르는 사람들로 가득하다. 오직 아버지를 아는 자들만, 곧 아버지가 선하시다는 것을 아는 자들만 하늘의 가치를 알아본다.

예수 그리스도, 완벽한 신학

2장

나에게는 지금도 하나님에 대한 의문이 있다. 정말 그렇다. 그렇지만 그것은 믿음 안에 있다. 믿음에서 벗어나지 않을 뿐 아니라, 절대로 믿음에 반하지도 않는다.

– 엘리 위젤

그리스도의 몸인 우리는 예수님이 누구신가 깊이 알 필요가 있다. 예수 그리스도는 모든 면에서 완벽하신 분이다. 그분은 완전한 아름다움이며 완전한 위엄이시고 완전한 능력이요, 완전한 겸손이시다. 그분의 놀라운 속성과 고결함을 열거하려면 끝이 없다. 이 장에서는 예수 그리스도가 완벽한 신학이라는 것을 다룰 것이다. 그분은 하나님의 뜻이 인격화된 분이다.

문제에 대한 예수님의 반응

예수님은 예외 없이 그분에게 나아오는 모든 사람을 치유하셨다. 또한 아버지께서 치유하라고 보내신 모든 사람을 치유하셨다. 예수님이 우리에게 주신 기준 외에 다른 기준을 받아들이면 안 된다.

예수님은 그분의 삶을 위협하는 모든 폭풍을 잠잠케 하셨다. 우리는 그분이 폭풍의 영향력을 키우거나 재앙을 가져오기 위해 권위를 사용하는 것을 본 적이 없다. 어떤 성의 백성들이 더 겸손해지고 기도하게 하려고, 그리하여 더욱 그분을 닮아가게 하려고 폭풍으로 그 성을 멸하라고 명하신 적이 단 한 번도 없다.

오늘날 많은 영적 지도자들이 어느 지역의 교만과 죄악을 파쇄하기 위해 하나님이 폭풍을 보내셨다고 말한다. 하나님은 분명 어떤 비극적인 사건을 그분의 목적에 사용하실 수 있다. 그렇다고 그 문제가 그분의 계획이었다는 말은 아니다. 예수님은 폭풍을 그런 관점으로 보지 않으셨다. 어떻게, 무슨 이유로 폭풍이 왔든지 예수님이 해결책이셨다. 세상의 많은 보험사들과 신문들이 자연재해를 'Acts of God' 곧, '하나님이 하신 일들'이라고 부르는데, 아마도 이런 신학을 받아들인 것 같다.

우리는 하나님이 폭풍과 질병과 갈등을 일으키셨다고 생각하면서 "엘리야가 행한 것같이"(누가복음 9:54 KJV)라고 말한 야고보, 요한과 동일한 논리를 펴고 있지는 않은가? 그들은 구약 시대의 기준을 신약 시대의 문제 상황에 적용함으로 자신들의 생각을 정당화하였다. 구약에서 전례를 찾아볼 수 있으니 그렇게 반응해도 되는 것인가?

**무엇이든 하나님에 대해 안다고 생각하는 것을
예수님의 인격에서 발견할 수 없다면,
의문을 가질 필요가 있다.
예수 그리스도는 지금까지 알려진 아버지와 그분의 본성을
가장 충만하고 정확하게 계시해 주시는 분이다.**

예수님은 왜 폭풍에게 멈추라 하지 않으시고 꾸짖으

셨을까? 이것은 어둠의 권세가 폭풍과 관련되어 있었음을 시사한다. 그 권세가 이 땅에 대한 하나님의 마음과 목적을 방해했기 때문에 그들을 처리하실 필요가 있었던 것이다. 마귀가 폭풍과 관련되어 있다면, 우리는 그것이 아버지의 뜻이라고 말하려 하지 않을 것이다.

구원이 모든 사람에게 임했다. 그 구원은 바로 예수님이시다. 그분은 수로보니게 여인이 딸을 위해 나아왔을 때 이것을 보여 주셨다(마가복음 7:24-30). 예수님은 이 여인이 이방인이기에 사역하지 않으려 하셨다. 그분의 사역은 성경의 명령을 이루기 위해 유대인들에게 먼저 베풀어져야 했다. 이것은 모든 나라가 복음에 문을 열기 위해 필요한 조치였다. 그러나 여기서 우리는 예수님이 사람들을 불쌍히 여기시는 모습을 볼 수 있다. 그분은 어려움에 처한 딸에게 아버지를 나타내심으로 구원과 치유를 베푸셨다. 예수님은 한 번 더 정확하게 아버지를 드러내셨다. 여기에서 주목할 것은 이것이 바로 예수님 위에 임하신 성령님이 하신 일이라는 사실이다. 그리고 그분은 동일한 것을 나타내기 위해 우리 안에 거하고 계신다.

무엇이든 하나님에 대해 안다고 생각하는 것을 예수님의 인격에서 발견할 수 없다면, 의문을 가질 필요가 있다. 예수 그리스도는 지금까지 알려진 아버지와 그분의 본성을 가장 충만하고 정확하게 계시해 주시는 분이다.

예수님의 삶에 나타난 하나님의 선하심과, 서구의 일반적인 교회에서 가르치는 하나님의 선하심 사이에는 엄청난 차이가 있다. 예수님이 우리의 삶에 정해 놓으신 기준은 비유이기에 오늘날에는 완전히 받아들일 수 없다고 보거나, 예수님의 본을 진정한 기준으로 여기는 것은 신학적으로 잘못된 것이며 단지 역사적인 일에 불과하다고 믿는 경우가 많아졌다.

예수님의 삶과 믿는 자의 일상적인 경험 사이의 괴리감을 해소하기 어렵다는 점이 혼동의 원인이다. 바로 이러한 괴리감 때문에 우리는 신학이라는 이론을 만들어 거기에 안주하는 경우가 많을 뿐 아니라, 그 신학 또한 영구한 미성숙함 안에 갇혀 버렸다. 능력으로 응답하시기까지 하나님의 얼굴을 구하기보다는 어떤 일이 일어나지 않은 이유를 찾음으로, 성경에 대한 우리의 해석을 바꾸는 것이 더 쉬워졌다.

> 우리가 믿는 것이 하나님을 바꾸는 것이 아니다.
> 우리가 믿는 것, 이 경우에는 믿지 않는 것이
> 우리의 삶에서 하나님의 활동을 제한한다.

질병에 대한 예수님의 반응

예수님은 그분에게 오는 모든 사람을 치유하셨는데, 사람들이 아픈 것이 아버지의 뜻이라면, 한 집안이 나누어진 것이다. 예수님의 가르침에 따르면, 그 집은 설 수 없다. 이 시점이 되면 항상 하나님께서 질병이나 폭풍, 고통 같은 것 – 나는 우리가 해결해야 한다고 생각한다 – 을 주신다는 것을 증명하려고 구약의 구절들을 제시하며 논의하곤 한다. 우리는 "하나님은 변함이 없으시다!"라는 말을 듣는다. 이 말을 하나님께서 계속 질병을 일으키신다는 것을 증명하는 데 사용하면서, 예수님이 그분에게 오는 모든 사람을 치유하셨다는 것을 증명하는 데 사용하지 않는 것은 앞뒤가 맞지 않는다. 이것은 비극적인 일이다. 그분은 우리도 똑같이 행하기를 바라시기 때문이다. 하나님은 변함이 없으시다는 것은 진리다. 이제 신약뿐만 아니라 구약에서도 자비하신 분이라는 것을 아는 것이 중요하다. 예수님이 오신 후에야 우리는 아버지가 어떤 분인지 분명하게 보게 되었다.

우리는 구약의 내용을 얼마나 보존하길 원하는지 자문해 보아야 한다. 우리 삶에 문제를 일으키시는 하나님의 모습을 간직하려는 노력이 합당한가? 우리가 보존하려는 것이 무엇이든, 우리는 그 법 아래 살아야 한다. 우리가 믿는 것이 하나님을 바꾸는 것이 아니다. 우리가 믿는 것, 이 경우에는 믿지 않는 것이 우리의 삶에서 하나님의 활동을 제한한다. 하나님을 제한하는 것에 대해 성경은 엄히 경고한다.

"그들이 광야에서 그를 진노케 하며 사막에서 그를

슬프게 함이 얼마나 빈번하였던가! 정녕 그들이 돌이켜 하나님을 시험하였으며 이스라엘의 거룩하신 이를 괴롭혔도다. 그들은 그의 권능을 기억하지 아니하였으며 그가 그들을 원수로부터 구해 내신 그날도 기억하지 아니하였도다"(시편 78:40-42).

이적과 기사 외에 교회가 이런 식으로 타협하려 하는 영역은 거의 없다. 예를 들어, 우리는 절대로 사람들에게 죄를 대속하기 위해 양을 제물로 바치라고 말하지 않을 것이다. 예수님이 영원하고 완전한 제물이 되셨기 때문이다. 또 하나님이 받으실 만한 예배를 드리기 위해 예루살렘으로 여행을 가라고 하지도 않는다. 예수님은 참된 예배가 특정한 장소에서 드리는 것이 아니라 영과 진리로 드리는 것이라고 가르치셨다(요한복음 4:21-24). 우리는 신체적 결함이 있는 자들이 그분의 임재 앞에 나아와 예배드리는 것을 금해야 한다는 생각을 절대 하지 않을 것이다(레위기 21:18-21). 또한 눈먼 자들이 하나님의 저주를 받았다고 생각하지도 않을 것이다(신명기 28:28). 우리는 반항하는 십대들을 위해 신실하게 기도하지, 그들을 돌로 쳐 죽이지는 않을 것이다(신명기 21:18-21).

다만 이 말씀들은 구약 시대에 하나님께서 사람들을 어떻게 대하셨는지 보여 준다. 그렇다면 이렇게 사람을 대하시는 것들도 변하지 않으시는 하나님의 본성을 드러내는 것이 아닌가? 하나님은 모세가 아들들에게 할례를 행하지 않은 것 때문에 그를 죽이실 뻔했다. 그러나 우리에게는 선택의 문제이다. 구약에서 하나님은 이스라엘에게 원수가 되는 나라들의 모든 남자와 여자 그리고 아이들을 다 죽이라고 명하셨지만, 이제 우리는 원수를 사랑하라는 말을 듣는다. 엘리야는 악령에 사로잡힌 사탄 숭배자 800명을 죽였지만, 예수님은 악한 자들을 대신해서 죽으셨다. 예수님이 아버지를 더 정확하게 계시하기 위해 오셨다면, 이러한 기준들을 계속 수용하는 것이 합당한가?

그러나 교회는 역사적으로 치유와 축사에 대해 이렇게 해 왔다. 만약 치유의 영역에서는 구약의 말씀이 예수 그리스도 안에서 발견되는 하나님의 온전한 계시를 대신

한다면, 바로 위에서 열거한 것들에서도 그럴 것이다. 우리는 기사와 표적을 제외한 복음의 다른 어떤 영역에서도 이렇게 하지 않는다. 그러나 항상 그랬던 것은 아니다.

나는 예수님처럼 되기 위해 노력하는 것이 그토록 논란이 된다는 사실에 놀랐다. 이상한 것은 이것에 반대하는 사람들이 그리스도를 시인한 사람들이라는 것이다. 오늘날 사람들은 우리가 그리스도를 닮아가야 한다고 하면서 오래 참고 친절하며 사랑해야 할 것을 말한다. 신실한 증인에게 삶의 순결성은 필수적인 요소이다. 그러나 능력도 똑같이 중요하다. 순결과 능력은 예수 그리스도의 부활을 증거하는 우리를 지지하고 세워 주는 두 기둥이다.

2000년 전에는 모든 질병이 마귀에게서 왔고, 하나님 나라의 현재적 실재의 증거인 치유는 하나님으로부터 온다고 여겼다. 열병 같은 단순한 질병도 마귀로부터 온 것으로 여겼다(마가복음 1:31). 이제는 상황이 악화되어 많은 이들이 질병을 하나님이 우리의 성품을 다루기 위해 보내거나 허락하셨다고 여기면서 치유 사역을 하는 사람들을 한쪽에 치우친 사람, 나쁘게는 마귀의 일을 하는 사람이라고 생각하는 지경이 되었다. 2000년 만에 상황이 이렇게 악화될 수 있다는 것이 놀라울 뿐이다.

더욱 당혹스러운 것은, 우리의 유익을 위해 하나님이 질병을 허락하여 보내셨다고 여기는 그 사람들이, 치유 받기 위해 의사를 찾아가는 것에는 문제가 없다고 여기는 것이다. 성경에 이렇게 분별없이 접근하는 것을 멈춰야 한다. 치유 기도를 받아보지 못한 사람들이 의사에게 가는 것은 상식이다. 그것은 평범한 일이지만, 성경의 실례들을 믿지 못하는 것은 이해가 되지 않는다. 때때로 성경에 기록된 것을 경험하지 못한 경우, 우리는 예수님의 삶을 통해 주어진 강력한 증거 대신, 어떤 식으로든 모호한 성경 구절을 찾아 우리의 경험 부족을 설명하거나 변명하려는 경향이 있다.

나의 경우에는 의사에게 가거나 약을 먹는 것이 전혀 문제가 되지 않는다. 하나님은 약이나 의사를 통해서도 우리를 건강하게 해 주실 수 있다. 우리는 둘 중 하나를 택해야 한다. 하나님이 우리에게 가르침을 주기 위해 질병을 보내셨다고 믿으면서 의료 기술로 치료하려는 것은 말이 되지 않는다는 것이다. 만일 당신이 그렇게 믿고 있다면 하나님의 주권을 침해하고 있는 것이다. 너무 많은 사람이 '현대 의학'의 영향력 아래 살면서, 위대한 의사이신 하나님께 나아가는 것을 생각하지 않는 것이 염려스럽다. 나는 치유를 위해 기도하지만, 병원의 도움을 받고 싶으면 부끄러움 없이 그렇게 한다.

**완벽한 신학이신 예수님은
하나님의 뜻을 보여 주신다.
그분은 하나님 나라의 실재를 보여 주시며
어떻게 살아야 하는가에 대한 본이 되신다.**

다음을 생각해 보라. 많은 사람이 질병을 하나님의 은총을 받는 일종의 고난으로 받아들이도록 훈련받고 있다. 질병으로 그렇게 하는 것이 합당하다면, 죄로도 그렇게 할 수 있다. 예수님은 죄와 질병이라는 두 가지 실재를 무력화하기 위해 같은 값을 치르셨다. 시편 103편 3절, 이사야 33장 24절, 마가복음 2장 9절, 야고보서 5장 16절을 보라.

삶의 본이신 예수 그리스도

완벽한 신학이신 예수님은 하나님의 뜻을 보여 주신다. 그분은 하나님 나라의 실재를 보여 주시며 어떻게 살아야 하는가에 대한 본이 되신다. 하나님 나라에서 당신은 죽음으로 살게 되고, 낮아짐으로 높아지고, 베풂으로 받는다. 이런 논리적 모순을 나열하자면 끝이 없지만, 바로 이것들이 하나님 나라, 곧 그분의 깊은 마음을 드러낸다. 다음은 몇 가지 영역에서 어떻게 살아야 하는가에 대해 보여 준다.

소유 – 예수님은 말과 행동, 모든 것으로 아버지의 마음을 보이셨다. 그분은 소유를 다루는 것에 대해 우리에게 본을 보이셨다. 그분이 하나님이신 것을 기억하라. 그분은 하늘과 땅의 모든 것을 소유하신 분이다. 그분의 사랑은 자신을 내어주신 것으로 측량된다.

 잭 헤이포드는 부유함을 얼마나 가졌느냐가 아니라, 얼마나 나눠주었는가로 정의하였다. 예수님은 통으로 짠 옷(예수님 당시 통으로 짠 옷은 부자들이 입었다-역자 주)을 입어 자신의 탁월함을 보여 주셨지만, 가난한 자들을 돌보고 목소리를 내지 못하는 자들 편에 서는 것을 가장 중요하게 여기셨다. 구약과 신약 모두 순종하는 자가 번영하고 부유해진다는 것을 보여 준다. 그런데 예수님은 구약에서는 찾아볼 수 없는 경고를 하셨는데, 참된 부, 곧 지금 이 땅에서 누리는 보이지 않는 하나님 나라의 실재가 돈보다 낫다는 것이다. 돈을 사랑하다가 우리의 참된 부를 잃게 될 수도 있다.

 경제 - 예수님은 베푸는 아름다움이 하나님 나라 재정에서 가장 중요한 것이라고 말씀하셨다. 또한 소유욕이 인간의 혼에 암과 같다는 것을 아시고 만족의 능력을 가르치셨다. 그런데 많은 사람이 예수님을 사회주의자로 여기는 우를 범하고 있다. 그것은 전혀 사실이 아니다. 그분은 자신을 따르기 위해 모든 것을 버린 제자들에게 현세에서 백배나 받게 될 것이라고 약속하셨다(마가복음 10:28-30). 달란트와 므나 비유에서(마태복음 25:14-30, 누가복음 19:11-27) 책임을 다하지 않은 자에게는 아무것도 남지 않았다. 오늘날의 정치 풍토에서 가장 거슬리는 부분은, 책임감 없는 종이 가지고 있던 얼마 안되는 것을 가장 많이 가진 자에게 주셨다는 것이다. 예수 그리스도는 정치적으로 옳은 분이 아니다. 그러나 그분은 옳다. 나는 이 비유에서 배가에 대한 하나님의 가치를 깨닫고 그분의 결정에 진심으로 '아멘' 했을 때, 비로소 그분의 생각을 알게 되었다.

중요한 사람들 – 예수님은 중요한 사람들과 어떻게 소통해야 하는지 본을 보여 주셨다. 그분은 절대 유명 인사들에게 잘 보이기 위해 자신의 모습이나 메시지를 바꾸지 않으셨다. 지위나 직책에 영향받지 않고 그들을 다른 사람들과 동일하게 섬기는 확고한 삶을 사셨다. 그분은 모든 승진과 진급이 하나님으로부터 온다는 것을 아셨다. 그렇지만 동료들의 이목이 두려워 밤중에 찾아

온 종교 지도자 니고데모도 만나 주셨다. 그분을 따르는 것에 대한 확고한 기준으로 하나님의 아들이 보여 주신 훌륭한 모습이다. 그분은 순종하려는 마음은 있지만 용기가 부족한 사람들에게는 그 순간에 필요한 은혜도 베풀어 주셨다. 그리스도께서 돌아가시자, 장례를 위한 향품을 가져오고 그분의 시신을 자신의 무덤에 안치한 사람이 바로 니고데모였다. 예수님의 담대한 죽음이 니고데모에게 담대한 생명(삶)으로 전이된 것이다.

사탄 – 그분은 마귀를 쫓아다니지 않으셨다. 그러나 마귀가 그분의 구속적인 목적과 삶을 방해할 때에는 그를 처리하셨다. 그분은 어둠의 권세에 반응하는 삶을 살지 않으시고, 아버지께 반응하는 삶을 사셨다. 마귀는 믿는 자들이 자신에게 관심 갖는 것을 좋아한다.

종교 지도자들 – 예수님은 개인적 이익을 위해 지위를 사용하던 종교 지도자들을 묵인하지 않으셨다. 하지만 자신들의 부르심에 충실하고, 겸손과 갈급함을 보여 준 자들과의 솔직한 대화나 교류는 환영하셨다. 그분은 또한 그들이 대화 가운데 위대한 믿음이나 지혜를 보이면 인정해 주셨다(마가복음 12:34).

정치적 문제들 – 예수님은 그 당시의 정치적 문제들을 아셨고 수시로 언급하셨다. 그분은 그분의 나라에 대해 가르치셨고, 그것이 항상 핵심이었다. 그분의 가르침에는 당시뿐만 아니라 이 시대의 문제들을 해결하는 데 필요한 해법이 담겨 있다. 그분은 이상과 동떨어진 상황에서도 잘되는 방법에 대해 가르치셨다.

노예제도를 예로 들어보자. 예수님은 모두가 자유로워지도록 만드셨다. 희년의 개념을 만드신 분이 바로 아버지였다. 그래서 구약 시대에도 잘못된 결정으로 노예가 되어버린 자들이 자유의 몸이 될 수 있다는 소망을 항상 품었던 것이다. 그러면서 그분은 노예들이 비극적 상황 가운데 더 나은 삶을 살아가는 법을 깨닫게 해주셨다. 미국 역사 초창기에 사람들은 예수님이 이 문제에 침묵하신 것을 노예제도를 지지하신 것으로 보았다. 그것은 전혀 사실이 아니다. 그분은 모든 종족의 사람들을 자유롭게 하려고 오셨다. 그러니 더는 말하지 말라. 이제는 노예제도가 불법이지만, 아직도 많은 노예들-빚, 쓴뿌리, 중독 등-이 존재하고, 세상 곳곳에서 불법 성매매가 이루어지고 있으며, 지금도 노예제도가 존재하는 나라들도 있다.

죄인들 – 예수님은 사회에서 죄인으로 여기는 사람들과 소통하는 법을 보여 주셨다. 그분은 죄인들과 시간을 보내셨지만, 그들의 죄 된 삶의 방식대로 살지는 않으셨다. 그분은 죄인들의 친구라 불리셨다. 당시의 종교 지도자들은 예수님이 교류하는 사람들 때문에 그분을 강하게 비판했다. 죄인들은 예수님과 함께 있고 싶어 했지만, 우리와 함께 있는 것은 좋아하지 않는다는 사실에 주목해야 한다. 그러나 슬프게도 죄인들이 같이 있고 싶이하는 믿는 자들이 있다. 그늘이 믿지 않는 자들과 마찬가지로 타협적인 삶의 방식을 취하기 때문이다. 예수님은 지금까지 이 땅에서 행하신 사람 중에 가장 거룩하신 분이었다. 그럼에도 그런 그분이 죄인들에게 환영받으셨다는 것은, 사람들에게 참된 거룩에 대한 깊은 갈망이 있다는 것을 말해 준다. 진정한 사랑은 사람들에게 이러한 영향을 끼친다. 이것이 모두가 갈구하는 것이다.

**예수님은 그분의 장례식을 포함하여
참석하는 장례식마다 엉망으로 만드셨다.**

천사들 - 예수님은 대화와 가르침 가운데 천사들을 어떻게 여기는지 보여 주셨다. 지치셨을 때는 천사들의 섬김을 받으셨고, 이 땅에서의 삶 내내 천사들이 그분 위에 오르내렸다. 그러나 천사들은 절대로 경배의 대상이나 믿는 자들의 삶의 중심이 아니었다. 다시 말해 천사들은 절대로 경배의 대상이 되어서는 안 된다. 그러나 그들을 무시해서도 안 된다.

정부 - 정부에 대한 예수님의 접근법은 놀랍고도 흠잡을 데가 없다. 정부는 사람들을 보호하고 권한을 준다는 점에서 하나님을 대신하여 도움을 주고 있는 것이다. 그래서 우리는 가이사에게 속한 것을 가이사에게 세금으로 내야 한다. 나는 예수님이 정치적으로 좋지 않을 때 이 땅에 계셔서 기쁘다. 그렇지 않았다면 우리는 정부가 올바르게 행할 때만 충성해야 한다고 주장했을 것이다.

장례 - 예수님은 그분의 장례식을 포함하여 참석하는 장례식마다 엉망으로 만드셨다. 죽음에 대한 그분의 접근 방식은 주목할 만하다. 왜 예수님이 죽은 자를 일으키셨는가? 모든 사람이 하나님의 때에 죽는 것은 아니기 때문이다. 그러므로 이 심각한 주제에 그분의 방식으로 접근하여 모든 죽음이 하나님의 계획과 목적 안에 있다고 속단하지 않는 것이 중요하다. 성경은 우리가 죽는 것은 정해져 있다고 말한다(히브리서 9:27). 그렇다면, 이제 당면한 문제는 그게 언제인가만 남는데, 그것이 진행되고 마무리되는 방법에는 우리의 역할이 있다.

우리를 하나 되게 하는 것

모든 선지자들이 예수님의 초림에 대해 말했다. 그들은 그분의 초림과 그 영향력을 우리에게 알려 주었다. 예레미야 선지자는 이것과 관련하여 가장 놀라운 말씀 중 하나를 우리에게 알려 준다. 그 영향력은 다음과 같다.

> 그러므로 그들이 와서 시온의 높은 곳에서 노래하고
> 밀과 포도즙과 기름과
> 양 떼와 소 떼의 어린것들로 인하여
> **주의 선하심으로 함께 흘러가리라.**
> 또한 그들의 혼은 물 댄 동산 같으리니
> 그들이 다시는 슬퍼하지 아니하리로다 할지어다.
> 그때에 그 처녀가 춤추며 기뻐하되
> 젊은이와 늙은이가 다 함께 그리하리니
> 이는 내가 그들의 애곡이 변하여 기쁨이 되게 하며
> 그들을 위로하고 그들로 하여금 슬픔에서 벗어나
> 기뻐하게 할 것이기 때문이라.
> 또 내가 기름진 것으로 제사장들의 혼을 흡족하게 할 것이요,
> **내 백성은 나의 선함으로 만족하게 되리라.** 주가 말하노라.
>
> 예레미야 31:12-14 킹제임스 흠정역

이 말씀은 나를 흥분시킨다. 그림이 너무나도 선명하다. 하나님의 백성이 한 방향, 곧 여호와의 선하심으로

강같이 흘러가게 될 것이다. 하나님의 나라는 그분의 선하심의 땅이다. 이것은 참으로 놀라운 발견이다. 그분의 선하심 자체가 마르지 않는 기쁨과 즐거움의 근원이다. '흡족'은 '조금도 모자람이 없을 정도로 넉넉하여 만족한다'는 의미이다. 그러므로 우리는 여기에서 다음의 모습을 보게 된다. 제사장들, 곧 신약의 모든 믿는 자들(베드로전서 2:9)이 즐거움과 온전한 만족의 장소에서 하나님의 선하심으로 온전히 만족하게 될 것이다.

하나님의 선하심은 항상 분명하다

하나님은 그분의 선하심의 증거를 구약 전체에 흩어 놓으셨다. 그래서 그분의 선하심을 갈구하는 사람들은 분명하게 볼 수 있다. 그분은 가장 위대하고 영원한 계시인 예수 그리스도를 위한 무대를 세우고 계셨다. 예수님은 하나님 아버지의 마음이며 본성의 계시다. 이 주제와 관련하여 내가 가장 좋아하는 신약 성경 구절 중 하나는 하나님께서 구약 시대 전반에 어떻게 그분의 마음을 드러내셨는지 이야기해 준다. 하나님과 백성 사이에 관계가 형성되기도 전, 하나님의 마음이 사람들에게 향하는 것을 보여 주기에 깊은 감동을 주는 말씀이다. 사도행전 14장 17절은 이렇게 말씀한다.

"그럼에도 불구하고 선한 일을 행하시고 우리에게 하늘로부터 비를 주시며 결실의 계절을 주사 음식과 기쁨으로 우리 마음을 채워 주심으로써 증거 없이 자신을 내버려 두지 아니하셨느니라".

우리가 하나님을 아버지로 알기 전에도, 그분은 우리의 마음을 즐거움으로 채우는 일을 하고 계신다. 참 놀라운 일이다. 이것은 마치 익명으로 꽃이나 선물을 보내는 것과 비슷하다. 바로 이 단순한 접근법으로 하나님이 자신을 증거하신다는 말이다. 생각해 보라. 어떤 사건의 증인은 전해 들은 것을 말하는 사람이 아니다. 증인은 자신이 직접 보고 경험한 것이나 그 주제에 대한 직접적인 지식을 말한다. 하나님은 자신을 증거하실 때, 각 사람을 그분께 이끌어 은총을 경험하게 하신다. 그리고 그 은총이 그 사람의 마음 가운데 하나님을 아버지로 알고 싶은 갈망을 일깨우기를 바라신다. 하나님은 그분이 창조하신 가장 영광스러운 것들 가운데 하나인 인간의 자유의지를 보호하기 위해 계속 일하시지만, 우리에게 자신을 강요하지는 않으신다. 그럼에도 우리를 갈망하시기에 주님은 오직 선하신 아버지로부터 오는 복과 은혜로 우리를 이끄신다.

예수님은 산상수훈에서 아버지에 대해 이야기하며 놀라운 말씀을 하신 후에 훨씬 더 놀라운 질문을 던지신다.

"그런즉 너희가 악할지라도 너희 자녀들에게 좋은 선물들을 줄 줄 알거든 하물며 하늘에 계신 너희 아버지께서 자기에게 구하는 자들에게 좋은 것들을 얼마나 더 많이 주시겠느냐?"(마태복음 7:11)

예수님은 악한 자들도 선한 일을 할 가능성이 있음을 인정하시면서 그것을 통해 놀라운 아버지의 본성과 마음을 계시하신다. 우리는 모두 죄를 짓는다. 그런데 죄 된 상태에서도 우리는 자녀를 위해 좋은 일들을 할 수 있다.

한편, 하나님은 완전한 거룩과 순결의 근원이시다. 그분은 행하심뿐만 아니라 생각과 마음으로도 절대 죄를 짓지 않으신다. 예수님은 "하물며 하늘에 계신 너희 아버지께서 자기에게 구하는 자들에게 좋은 것들을 얼마나 더 많이 주시겠느냐?"라고 질문하시며 하나님 아버지의 선하심을 육신의 아버지와 비교하여 생각해 보게 하신다. 너무나도 감동이 되는 말씀이다. "얼마나 더 많이 주시겠느냐?"는 질문은 내 마음속에 울림으로 남아 있다. 단순히 기본적인 필요만 채워 주시는 아버지가 아니다. 그분은 우리가 구하기도 전에 무엇이 필요한지 아시고 우리를 돌보아 주실 것을 약속하셨다(마태복음 6:8을 보라). 지금 그분은 우리의 부르짖음에 응답하시고, 나아가 자녀들의 마음속 꿈을 이뤄 주시는 하늘 아버지에 대해 말씀하신다. '좋은 것들'(우리말성경은 '성령')에 해당하는 헬라어는 '유익이 되는 눈에 띄게 탁월한 것'을 뜻하는 근사한 단어이다.

보는 바와 같이 이것은 기본적 필요를 채우는 것을 훨씬 능가한다. 그분은 하루 세끼 식사와 밤에 누울 집을 보장하는 고아원 원장 같은 분이 아니라 사랑의 아버지이시다. 그분은 철저하게 자신의 성품과 본성으로, 완벽한 거룩과 아름다움, 지혜와 명철 그리고 사랑으로 우리에게 다가오신다. 모든 자녀에 대한 최고의 사랑을 그들이 누구이고 마음에 무엇이 있는지에 따라 은사를 베풀어 주심으로 보여 주시는 분이다. 기억하라, 이것이 영원하고 제한이 없는 질문, "얼마나 더 많이 주시겠느냐?"보다 먼저이며 중요하다.

그분이 축복하는 것을 축복하라

때때로 받아들이기 어려운 것 중 하나가 하나님께서 의로운 자와 그렇지 않은 자 모두를 축복하신다는 사실이다. 우리는 하나님께서 믿는 자에게 놀라운 통찰력을 주시면 기뻐한다. 그 통찰력으로 질병을 치유하든, 인류에게 큰 유익이 될 새로운 발명을 하든, 전쟁 중인 두 나라에 사랑의 중재자를 통해 평화를 가져오든지, 모두가 듣고 힘을 얻게 된다. 하나님은 이러한 주님의 종의 은사와 부르심을 확증해 주시면서, 이들을 통해 심오하게 사람들을 향한 그분의 마음이 더 많이 증거되게 하신다. 그렇지만 때로는 그분이 삶의 모습이나 목적이 지극히 악한 불신자들을 통해서도 같은 일을 하실 수 있다는 것도 인정해야 한다. 이런 보화를 악한 자들에게 주시는 하나님의 목적은 무엇인가? 그분은 증거를 남기고 계신 것이다.

이것에 대한 성경의 놀라운 예 중 하나가 헤롯이다. 그는 자신을 우상화하지는 않았지만, 계속해서 "이것은 신의 음성이다"라고 소리치는 백성에게 연설을 하였다.

"이것은 신의 음성이요 사람의 음성이 아니라 하거늘 그가 영광을 하나님께 돌리지 아니하므로 주의 천사가 곧 그를 치매 그가 벌레들에게 먹혀 숨을 거두니라"(사도행전 12:22-23).

그의 연설에는 백성에게 엄청난 영향을 끼칠 수 있는 능력이 있었다. 하지만 그가 하나님께 영광을 돌리지 않았기 때문에 죽임을 당했다. 이 말은 백성에게 의미 있는 말을 하는 헤롯에게 하나님의 은혜가 임했다는 것을 시사한다. 하나님이 그에게 기름부으셨던 것이다. 이것은 이 시대의 교회가 특히 받아들이기 어려운 부분이다.

정치적 긴장감이 고조되기에, 누군가 담대하게 그리스도 안에서 거듭난 경험을 고백하고 테레사 수녀와 같은 본을 보이지 않으면, 교회는 그런 사람을 비판하거나 거절하려고 한다. 우리는 믿지 않는 자들에게 임하는 기름부음을 인정하기 어려워한다. 특히 그 사람이 지도자로서 우리의 개인적 기준이나 잣대에 맞지 않으면 더욱 그렇다. 그 사람이 과거에 도덕적·정치적으로 큰 실수를 했다면, 하나님의 손이 그분의 때에 그 사람에게 임하는 모습을 교회가 보게 될 가능성은 거의 없다. 이 시대에는 모든 일을 항상 구속의 목적으로 행하시는 온전하신 아버지의 눈으로 보는 시각이 필요하다.

결론은 하나님의 기름부음이 그분의 목적을 위해 경건하지 않은 사람들에게 임할 수 있다는 사실이다. 우리는 이것을 요한복음 11장 49-52절의 대제사장 가야바에게서 볼 수 있다. 그는 그리스도의 십자가가 이스라엘에 미칠 영향에 대해 예언하였다. 그는 하나님과의 관계 가운데 그분의 말씀을 선포한 것이 아니었다. 그것은 그의 지위 때문이었다. 하나님이 그 사람의 삶에 온전히 임하시는 때가 있다. 알지 못하는 은혜가 임하는 것이다. 가야바의 경우와 같이 그런 은혜가 그 사람이 섬기고 영향을 미치는 백성을 위해 그에게 임하는 경우도 있다. 세상에 하나님의 은혜가 임하여 온전히 열매 맺는 것을 보기 원한다면, 그것을 알아차리는 것은 우리 몫이다.

산상수훈에서 예수님은 다음과 같이 가르치셨다. "나는 너희에게 이르노니 너희 원수를 사랑하며 너희를 박해하는 자를 위하여 기도하라 이같이 한즉 하늘에 계신 너희 아버지의 아들이 되리니 이는 하나님이 그 해를 악인과 선인에게 비추시며 비를 의로운 자와 불의한 자에게 내려주심이라"(마태복음 5:44-45).

하나님은 모두에게 은총과 축복을 베풀어 주려 하신다. 우리가 이 놀라운 아버지의 자녀라는 것을 진정으로 나타내며 그분을 닮아가길 원한다면, 우리는 그 지위를 얻지 못한 사람들을 사랑해야 한다. 이것이 바로 하나님의 마음이다. 또한 하나님 나라가 역사하는 방법을 이해하는 데 중요한 부분이다. 그분이 우리 중 가장 악한 자들에게 은총을 베풀기로 선택하신다면, 누구를 비난하고 거부할 수 있겠는가? 이제 우리는 그분이 택

하신 최선의 방법으로 사람들의 마음에 흔적을 남기신다는 것을 안다. 그러므로 그분이 축복하시는 것을 축복해야 한다.

**나는 왜 비극이 일어났는가를 설명하기 위해
인간의 논리라는 제단 위에 하나님의 선하심을 아는 지식을
제물로 바치지 않을 것이다.**

나는 흔치 않은 은총이나 축복이 임하여 인생의 모든 것이 바뀐 사람들의 이야기를 좋아한다. 그런 간증이나 경험담은 화제가 되는 경우가 많다. 때로는 그 사람이 그 은총을 얻기도 전에 하나님께서 어떻게 그 사람의 인생에 그 흔적을 남기셨는지 들으며 눈물이 난다. 이러한 이야기는 보통 흔치 않은 우연이나 소위 운명의 장난 같은 것들이다. 사실 그것들은 하나님이 남겨 놓으신 은혜의 흔적으로 그분의 선하심을 소리 높여 외치고 있다. 그분이 이 세상의 모든 옳은 것의 아버지이심을 알리는 것이다. 이러한 방법으로 사람들이 삶의 속도를 늦추고 그 근원을 인식하며 그들의 인생을 다스릴 권리를 가진

유일하신 분에게 "네"라고 말할 수 있을 정도로 마음을 쓰면, 그분은 그들을 영원하고 즐거운 소명 안으로 불러들이신다. 그리고 상상할 수 있는 가장 위대한 자유함 안으로 불러들이셔서 다스리신다.

하나님은 하나님이시기에 항상 그분의 뜻대로 행하신다. 그분은 몇 번이고 반복해서 우리에게 자신을 거저 주시지만, 절대 우리에게 복종하지 않으시고 아무것도 설명하지 않으신다. 나는 그분의 선하심이 우리를 지배하거나 심판하는 위치에 둔다고 말하는 것이 아니다. 오히려 반대이다. 나는 여기까지 기록하면서 오직 하나님의 선하심이 모든 신학의 기초라고 선포하고 있다. 나는 무슨 일이 있어도 결코 그분의 선하심을 의심하지 않는다. 어떤 일이 어째서, 왜 일어났는지 절대로 이해할 수 없을지도 모른다. 그러나 나는 왜 비극이 일어났는가를 설명하기 위해 인간의 논리라는 제단 위에 하나님의 선하심을 아는 지식을 제물로 바치지 않을 것이다. 그렇지만 한 가지 확실한 것은 그분은 선하시다는 사실이다. 그분은 내가 생각한 것보다 항상 더 선하시다.

그분의 잘못이 아니다

3장

그렇다면 왜 하나님은 그들에게 자유의지를 주셨는가?
자유의지가 악을 가능하게 할지라도,
소유할 가치가 있는 사랑이나 선함이나 기쁨을
가능하게 하는 유일한 것이기 때문이다.

C. S. 루이스의 《순전한 기독교》에서

하나님은 세상에 존재하는 악 때문에 종종 비난을 받으신다. 그분은 크고 능력 있는 하나님이시기에 어떤 문제도 쉽게 해결하실 수 있다는 것이다. 그러나 이 세상 죄와 그 결과를 제거하라는 것은 대단히 극적인 일을 요구하는 것이다. 바로 모든 죄인을 제거하라는 것이다. 거듭난 사람을 제외하고 얼마나 많은 사람이 세상에 남아 있게 될까? 한번은 C. S. 루이스가 이런 말을 했다. "일단 작가가 무대에 서는 순간, 그 극은 끝난다."

이 말은 수년 동안 나에게 큰 도움이 되었다. 하나님은 한순간에 모든 것을 바로잡으실 수 있다. 그런데 그렇게 하면 시간이 멈추고 영원이 시작되면서 결승선이 모래 위에 그어지게 된다. 그분의 응답은 끔찍한 고통이 될 것이다. 우리는 현재 하나님의 인내가 온전하게 작용하고 있는 것을 보고 있다. 그렇게 하여 가능한 한 많은 이들을 하나님의 가족으로 모아들일 수 있는 것이다. 하나님의 오래 참으심은 우리의 모든 지각을 초월하는 것으로 엄청난 대가를 치르고 있다.

'하늘 군대의 침투'로 이 세상의 문제를 바로잡는 것은 우리가 원하는 해결책이 아니다. 그것은 모든 창조물 가운데 가장 위대하다는 자유의지를 멸하고, 인류에게 그분의 뜻을 강요하는 것이기 때문이다. 그렇게 하면, 하나님은 거룩한 백성을 소유하실 기회를 빼앗기게 된다. 그래서 하나님은 '사랑의 침투'를 선택하셨다. 사람들의 행복과 평안을 위해 온전히 희생하는 한 분을 통해 그들의 마음을 정복하시는 것이다. 그 결과 우리는 이제 당면한 문제들을 해결할 수 있는 능력의 복음을 갖게 되었다. 그래서 우리를 완전히 변화시킨 그 복음을 사람들에게 전할 수 있다. 우리에게는 그 복음을 믿고 그렇게 살고 그것을 나타내기 위해 모든 것을 감수할 사람들이 필요하다.

그러나 이 세상 죄와 그 결과를 제거하라는 것은
대단히 극적인 일을 요구하는 것이다.
바로 모든 죄인을 제거하라는 것이다.
거듭난 사람을 제외하고 얼마나 많은 사람이
세상에 남아 있게 될까?

예수님은 모든 상황 가운데 온전히 아버지의 마음을 나타내셨다. 그것이 질병이든, 괴롭히는 악령이든, 폭풍이든, 자녀를 잃은 어머니든, 먹을 것이 없는 무리든, 또는 그 외 복음서에 기록된 수많은 재난 중 하나이든 문제가 되지 않았다. 모든 상황은 우주의 하나님이 진정 어떤 분인지 드러내는 기회가 되었다. 우리에게 그런 수준으로 꿈꾸는 능력이 있다면, 우리 모두가 꿈꾸고 바라던 아버지로 나타나셔서 매번 경외감에 사로잡힐 것이다. 이런 기적은 그분의 친절함을 일시적으로 드러낸 것이었을까? 많은 사람이 그렇게 생각한다. 그들에게 하나님은 성경이라는 경전이 완성되기까지 그런 식으로 나타나신 분이었다.

나는 하나님의 완전무결한 말씀인 성경이 너무 감사하다. 하나님의 말씀은 우리를 가르치기 위해 주어졌다. 우리는 성경을 받아 이 땅에서 하나님의 뜻을 나타내고 완수하는 삶을 살도록 준비되고 세워진다. 바로 이 하나님의 말씀은 예수님을 하나님의 뜻으로 계시한다. 예수님은 육신을 입은 하나님의 말씀이며(요한복음 1:14), 하나님의 뜻이 완벽하게 계시되신 분이다. 그렇다면 어떻게 하나님의 말씀인 성경에는 헌신하면서, 하나님의 말씀이신 그분께는 헌신하지 않을 수 있을까? 예수님은 안식일마다 치유하셨다. 아버지에게는 종교 지도자들이 어떻게 율법을 해석하는가보다 사람이 중요했기 때문이다. 어떤 이들은 그분이 다시 돌아가서 종교 지도자들의 율법 해석을 우선시하신 것처럼 생각하는 것 같다. 잘못된 가르침이 어려움에 처한 자들을 불쌍히 여기는 목소리보다 더 큰 소리를 내는 것이다. 사람들은 여전히 하나님이 값을 치르고 사신 밭에서 발견되는 그분의 보물이다. 그때도, 지금도 하나님 나라는 그분의 응답이다. 사랑은 그분의 응답을 지금 보여 줄 것을 요구한다.

예수님은 아버지의 마음이 지속적으로 계시되는 것의 완성이셨다. 이 계시는 오직 시즌이 바뀔 때마다 성장하고 발전한다. 이것은 이사야 9장 7절에서 주어진 원칙이다. "그의 정권과 화평이 번창하여 끝이 없으며"(킹제임스 흠정역). 그것은 오직 커지며 전진할 뿐이다. 지속적으로 전진한다는 개념은 고린도후서 3장 18절의 "영광에서 영광에 이르는"이라는 표현으로 한 번 더 등장한다. 핵심은 하나님께서 계속 커지고 발전하는 계시 안에서 우리가 나아가게 하신다는 것이다. 그것은 결코 퇴보하거나 더 낮은 기준으로 되돌아가지 않는데, 구약의 기준으로 돌아가는 것은 더욱 아니다.

구약의 요구가 예수님 안에서 충족되자, 새것이 영원히 드러나게 된다. 진짜(예: 하나님의 어린양 예수님)가 나타나자, 우리는 절대 상징적인 것(양을 제물로 바침)으로 돌아가지 않는다. 하나님 나라가 일단 나타나면, 이제 되돌릴 수 없다. 예수님이 기사와 표적을 통해 아버지에 대한 계시의 문을 열어 놓으셨는데, 왜 그보다 못한 것으로 돌아가시겠는가? 그분은 그렇게 하지 않으셨다. 그런데 우리는 그렇게 했다. 이것이 문제이다. 우리가 예수님이 세우신 기준을 절대 잊지 않게 하시려고 그분은 불가능한 일을 말씀하셨다. "내가 진실로 진실로 너희에게 이르노니 나를 믿는 자는 내가 하는 일을 그도 할 것이요 또한 그보다 큰 일도 하리니 이는 내가 아버지께로 감이라"(요한복음 14:12). 전진하는 것, 이것이 하나님의 계획이다. 뒤로 물러설 수 없고 변명의 여지도 없다.

> **그리스도 안에서 우리가 가진 모든 것은
> 상상을 초월한다.
> 하지만 우리에게 무엇이 있는지 모른다면,
> 그것을 꺼내어 사용할 수가 없다.**

당신의 지갑에 무엇이 있는가?

은행에 수백만 달러가 있어도 굶어 죽을 수 있다. 계좌에서 출금하지 않으면, 내가 가진 재물은 꿈이나 이론, 공상에 불과한 것이다. 그리스도 안에서 우리가 가진 모든 것은 상상을 초월한다. 하지만 우리에게 무엇이 있는지 모른다면, 그것을 꺼내어 사용할 수가 없다. 하나님의 약속의 말씀들은 우리에게 이 탁월한 실재를 더 깊이 통찰할 수 있게 해 준다. 지금은 예수님이 무엇을 가지고 계신지 봐야 한다. 그러면 그분이 우리에게 무엇을 주셨는지 알 수 있다.

핵심은 예수님이 그분의 모든 것을 우리에게 주셨다는 것이다. 그리고 아버지는 모든 것을 예수님께 주셨다. 요한복음 16장 14-15절을 살펴보라. 이 구절은 성령님의 일들에 대해 말하고 있다. "그분께서 나를 영화롭게 하시리니 이는 그분께서 내게서 받아 그것을 너희에게 보이실 것이기 때문이라. 아버지께 있는 것은 다 내 것이니라. 그러므로 내가 말하기를, 그분께서 내게서 가져다가 그것을 너희에게 보이시리라 하였노라".

우리는 이 놀라운 성경 말씀에 대해 책임을 져야 한다. 성령님은 선포를 통해 오직 예수님만이 소유하신 것을 우리의 삶에 풀어놓으신다. 그분이 우리에게 말씀하실 때마다, 예수님 안에 있는 영원한 것들이 우리의 삶으로 들어와 우리의 사명을 완수할 수 있게 해 주신다.

"병든 자들을 고쳐 주고 나병 환자들을 정결하게 하며 죽은 자들을 살리고 마귀들을 내쫓되 너희가 거저 받았으니 거저 주라… 그러므로 너희는 가서 모든 민족들을 가르치고 아버지와 아들과 성령의 이름으로 그들에게 침례를 주며 내가 너희에게 명령한 모든 것을 그들에게 가르쳐 지키게 하라. 보라, 내가 세상의 끝까지 항상 너희와 함께 있으리라 하시니라 아멘"(마태복음 10:8, 28:19-20 킹제임스 흠정역).

예수님은 제자들에게 가르쳐 주신 모든 것을 회심시킨 이들에게도 가르치라고 말씀하셨다. 여기에는 병든 자를 고치고 귀신을 쫓아내는 등의 지시도 포함된다. 그분의 본래 기준과 지금 우리가 살아가는 모습에는 결코 차이가 없다.

예수님은 기적을 행하시며 단순히 우리 안에 영원한

천국에 대한 갈망을 일으키려 하신 것뿐일까? 천국은 항상 우리가 갈망해야 하는 곳임에는 틀림이 없다. 우리에게 "하늘에서 이룬 것같이 땅에서도 이루어지이다"(마태복음 6:10)라고 기도하라고 가르치신 분이 바로 예수님이셨다. 그렇다, 영원은 중요한 것이다. 하지만 천국에 가는 것은 내 책임이 아니다. 온전히 하나님의 은혜로 그곳에 가게 될 것이다. 내가 할 일은 매우 특별하고 지극히 중요한데, 기도와 순종을 통해 천국을 이 땅에 가져오는 것이다. 예수님은 천국이 가까이 왔다고 선포하시며, 생명을 주시고, 어둠의 권세를 깨트리셨으며, 무너진 삶과 상한 마음과 깨어진 가정을 회복시켜 주심으로 천국을 보여 주셨다. 그분은 우리에게도 동일한 메시지를 받으라고 말씀하셨다. 그렇다면 우리가 왜 다른 결과를 기대해야 하겠는가?

수년 전에 나는 탁월한 목사이자 사도적 지도자인 타미 레이드의 《아직 도래하지 않은 현재의 왕국》이라는 책을 읽었다. 그는 내가 80년대에 참석했던 오리건주 포틀랜드 집회의 주 강사 중 한 분이었다. 나는 그의 가르침과 책에 강한 충격을 받았다. 책 제목과 내용이 모두 내게 강한 울림을 주었다. 전에는 그 책의 제목과 같은 표현을 들어본 적이 없었다. 그 책은 나에게 엄청난 충격을 주었다. 우리는 '아직 도래하지 않은 것'의 분명한 실재 가운데 살아가고 있는데, 그는 내가 하나님께서 뜻하신 만큼 깨닫지 못했던 하나님 나라의 '현재'적 부분에 대해 더 많은 것을 알려 주었기 때문이다.

나는 이것이 아마 개인의 실패, 좌절일 거라고 생각하지만, 오늘날 그 표현-아직 도래하지 않은 현재의 왕국-이 사용되는 것을 들으면 거의 대부분 몸이 움츠러든다. 우리가 살아가는 이 위대한 시대에 하나님이 가능하게 하신 것을 선포하는 대신, 거의 항상 지금 가질 수 없는 것을 표현하기 위해 그 말을 사용하기 때문이다. 그것은 초대가 아니라 변명이 되어 버렸다. 말하자면 우리는 두 개의 실재, 이미 임한 하늘나라와 장차 더 온전하게 임할 하늘나라 가운데 살고 있는 것이다. 그런데 우리가 지금까지 보아 온 것보다 더 위대한 돌파를 앞서 경험한 세대들이 있었다는 사실을 깨달았다면 더 많은 것이 있음을 인식해야 한다. 바로 지금을 위해 훨씬 더 많은 것이 예정되어 있다. 하나님의 정권(그분의 통치와 나라의 나타남)은 끝없이 성장하고 발전한다는 것을 기억하라! 항상 어제보다 오늘이 더 위대해야 한다.

하나님의 뜻

위대한 성경 교사인 밥 멈포드는 《왕과 당신》이라는 놀라운 책을 썼다. 나는 이 책에서 하나님의 뜻에 대해 배웠고 큰 도움을 얻었다. 신약에서는 하나님의 '뜻'을 언급하면서 두 가지 헬라어 단어를 사용하는데, 하나는 불레마 boulema 이고, 다른 하나는 텔레마 thelema 이다. 불레마는 확실하게 정해진 하나님의 뜻을 말한다. 그 '뜻'은 그것을 믿든 반대하든 상관없이 이루어질 일이다. 그리스도의 재림은 하나님 뜻에 속한 일이다.

텔레마는 하나님의 바람이나 소원을 말하는 것으로 의미가 완전히 다르다. 예를 들어, 성경에는 "주께서는…아무도 멸망하지 아니하고"(베드로후서 3:9)라고 기록되어 있는데, 사람들은 멸망하고 있다. 여기에서 하나님 뜻은 그분의 마음에 사람들이 얼마나 부응하고 어떻게 반응하는가에 달려 있다. 그래서 멸망하는 사람도 있고, 하나님의 보내심을 받아 땅끝까지 하나님 나라의 복음을 전하는 사람들도 있다. 우리는 하나님의 뜻이 이루어지게 하는 일에 일조하게 된다.

이것은 엄청난 일이다. 하나님의 바람이 이루어질 수도 있지만, 이루어지지 않을 수도 있다는 것이다. 오해하지 말기 바란다. 하나님은 원하면 무엇이든 일어나게 하실 수 있다. 그렇지만 그분의 백성이 함께 책임을 지고 동역하며 성장하고 발전하는 가운데 역사하고 싶어 하신다. 이 과정의 결과로 우리는 하나님의 아들 예수님을 닮아 그분처럼 살아가는 백성이 된다.

'하나님의 뜻'에 사용된 불레마라는 헬라어는 앞서 말했듯이 변하지 않는 것을 말한다. 예를 들어, 예수님은 다시 오실 것이다. 여기에 우리는 '네', '아니요', '상관없다'로 반응할 수는 있지만, 그것은 중요한 게 아니다. 이 결정에 우리가 할 수 있는 일은 없다. 언제, 어떻게 그 일이 있을 것인지 홀로 결정하시는 아버지의 손에 온전히 달려 있다. 한편, 하나님은 많은 일들이 일어나기를 바라시고 그렇게 하실 수 있다. 그러나 믿는 자들이 더는 그것을 하나님의 뜻으로 여기지 않거나, 하나님이 직접 그 일들을 행하시기를 기다리고만 있기 때문에 이뤄지지 않고 있다. 여기서 뜻은 텔레마라는 단어로 표현된다.

예수님이 제자들에게 수천 명의 군중을 먹이라고 말씀하셨을 때, 그들이 가진 것은 어린 소년의 점심 도시락이 전부였다. 제자들이 그런 불가능한 일은 할 수 없다고 대답했을 때도, 예수님은 결코 그 명령을 철회하지 않으셨다. 그분은 제자들이 음식을 나누어주는 동안 그들의 손을 통해 기적이 일어나는 것을 볼 수 있게 준비하셨다. 그리하여 그들은 기적을 보게 되었다(마가복음 6:37-44).

하나님의 뜻은 논쟁의 대상이 되는 주제로, 대단히 재미있고 흥미로운 경우가 많다. 기독교 이론에 치우친 강의실에서 논쟁을 계속하는 것은 전혀 도움이 되지 않는다. 하나님의 뜻을 거리로, 상처 받은 사람들이 있는 곳으로 가져가야 한다. 기도하는 사람들이, 가만히 앉아 마귀가 계속 도둑질하고 죽이고 멸망시키는 것을 지켜보거나 이론가들이 하나님께 책임을 돌리는 것을 방관하고 싶지 않은 자들이, 하나님의 뜻을 보여 주어야 한다. 우리의 불신앙을 무기력한 이론으로 가리는 것은 엄청난 기만이다. 이렇게 서로, 그리고 세상을 향해 하나님의 본성과 마음을 왜곡하는 일을 멈춰야 한다. 경험이 없으면 어리석음이 지혜처럼 보인다.

> 하나님의 뜻은 논쟁의 대상이 되는 주제로,
> 대단히 재미있고 흥미로운 경우가 많다.
> 기독교 이론에 치우친 강의실에서
> 논쟁을 계속하는 것은 전혀 도움이 되지 않는다.
> 하나님의 뜻을 거리로,
> 상처 받은 사람들이 있는 곳으로 가져가야 한다.

누가 주관하는가?

이 논쟁에서 가장 흔히 사용되는 말 중 하나가 "하나님이 주관하신다"이다. 그분이 주권적인 하나님이라는 말은 진리다. 하나님이 모든 것을 주관하고, 모든 것이 그분의 것이다. 그분의 영향력에서 벗어나거나 관심 밖에 있는 것은 없다. 하나님은 전지전능하시다. 그렇다면 과연 그분이 모든 것을 주관하시는가? 이것은 그분의 능력이나 권세나 권위에 대한 의문이 아니다. 그분이 모든 것을 주관하신다면, 히틀러에 대해서도 책임지셔야 하지 않을까? 뇌암은 그분이 만드신 것인가? 그분이 주관하신다면, 질병이나 지진, 태풍이나 그밖에 삶에서 겪는 모든 재난을 그분이 책임지셔야 한다. 요점은 이렇다. 그분이 담당하시지만 주관하지는 않으신다는 표현이 더 정확할 것이다. 이 글을 읽는 부모들은 내가 말하려는 요지를 이해할 것이다. 우리가 가정을 책임지지만, 지붕 밑에서 일어나는 모든 일이 반드시 우리의 뜻인 것은 아니며 우리가 용납한 일도 아니다. 이것이 중요한 차이다.

헛된 말

나는 기독교인들이 비극적인 일에 대해 이야기하며 "하나님의 뜻이었던 것이 분명해. 그렇지 않으면 그런 일이 일어나지 않았을 거야"라고 말하는 것은 옳지 않다고 생각한다. 조금 더 구체적으로 "젊은 사람이 아내와 어린아이들을 남겨놓고 교통사고로 사망한 것은 비극이지만, 하나님이 이해할 수 없는 방식으로 일하신다는 것을 알잖아"라고 하거나 심각하게는 "그 아이가 죽는 것이 왜 하나님의 뜻인지는 모르겠지만, 어쨌든 이유가 있을 거야"라고 말한다. 이러한 대화는 실제로 여러 가지 상황 가운데 매우 흔하고 일상적인 것이 되었다.

나는 그것이 끔찍하고 가슴 아픈 일인 만큼, 믿는 자들의 반응 또한 섬뜩하다고 생각한다. 하나님께서 다른 결과를 원하셨다면 그렇게 되게 하셨을 것이라고 여기는 것이다. 그것은 우리의 책임을 하나님께 전가하여 회피하려는 게으른 신앙이다.

이 문제와 관련하여 많은 사람이 나와 갈등을 일으키게 될 부분이 바로 "우리의 책임"이라고 생각한다. 이것을 얼마나 받아들일 수 있을지 모르겠다. 이 문제를 스스로 깊이 생각해 보되, 적어도 다음 사실을 고려하기 바란다. 예수님은 우리가 따를 수 있는 본을 보여 주셨다. 그분은 문제에 직면하시며, 하나님의 뜻을 설명해 주셨다. 또한 그분의 권위를 우리에게 주셔서 큰 사명을 성공적으로 수행할 수 있게 해 주셨다. 여기에는 예수님이 직접 가르치고 본을 보이셨던 것들을 미래의 제자들에게 가르치는 것이 포함된다. 이어서 그분은 모든 제자들이 성령의 능력을 덧입어야 한다고 가르치셨다.

성령님은 예수님을 부활시킨 능력이시다. 그분은 하나님의 아들이며 인자이신 예수 그리스도의 생명 안에 있던 바로 그 능력을 모든 믿는 자들이 사용할 수 있게 해 주셨다. 그 후 예수님은 아버지께 돌아가시면서 그분이 하신 일보다 더 큰 일들을 우리가 보게 될 것이라고 말씀하셨다(요한복음 14:12). 내가 너무 지나치게 추측한 것인가? 그럴 수도 있다. 그렇지만 예수님이나 제자들 중 어느 누구도 문제를 하나님의 뜻으로 받아들이는 논리를 행동으로 보여 주신 적이 없다. 그렇다면 예수님은 위기나 비극, 질병, 그리고 재난의 위협을 처리하는 데 사용하신 그분의 권위와 능력 그리고 임재의 도구를 누구에게 맡기셨는가? 바로 우리들이다. 우리 앞에 끔찍한 문제의 위협이 있을 때 우리가 모든 책임을 질 수는 없다. 그러나 일부는 우리의 책임이다. 이제 우리가 받은 도구들을 사용하는 법을 알아야 한다. 더 분명하게 말하면, 신학적 변명을 해댈 것이 아니라 이 땅 가운데 예수님의 이름에 영광을 돌리며 성령님과 동역할 방법을 찾아내야 한다.

하나님은 그분의 영광을 위해 어떠한 상황에서도 일하실 수 있다. 그만큼 그분은 선하시다. 그래서 감사할 따름이다. 나는 너무나도 끔찍한 일이 일어났을 때 사람들이 은혜의 아버지께로 돌아오자, 하나님께서 그들의 마음을 치유하셔서 설명할 수 없는 능력의 위치에 그들을 세우시는 것을 목격했다. 그렇지만 하나님이 문제를 통해 구원하실 수 있다면서 그분을 문제의 원인으로 여기는 것은 비논리적이고 어리석은 짓이다. 그것은 예수 그리스도 안에서 계시된 하나님의 본성을 거스르는 것이다. 이렇게 믿음의 가족 안에서 아버지 하나님의 본성을 오해

하면서, 우리 주변의 세상은 그들을 구원하기 원하시는 이 하나님의 본성에 대해 훨씬 더 크게 오해하게 되었다.

하나님이 바라고 소원하고 꿈꾸시는 것이 있다. 그분은 그 꿈의 일부로 우리를 그분과의 관계 안으로 데려가 주셨다. 우리 중 누구에게도 하나님과의 관계를 강요하지 않으셨다. 이제 우리는 그리스도의 위치에서 이 땅에서 일어나거나 또는 일어나지 않는 일들에 영향을 끼침으로 그분의 소원을 더 많이 이룰 수 있게 되었다.

간단한 예를 들어 보자. 우리는 구원의 메시지를 지니고 있다. 이 메시지는 온 세상에 전해져야 한다. 우리가 이 메시지를 전할 자를 이 나라에는 보내면서 저 나라에는 보내지 않을 경우, 복음을 전한 나라에는 어느 정도의 회심자들이 있을 것이다. 그렇다면 나머지 나라들은 영생을 얻지 못하는 것이 하나님의 뜻인가? 그렇지 않다. 우리가 그렇게 선택한 것이다. 하나님은 "아무도 멸망하지 아니하고 다 회개하기에 이르기를 원하신다"(베드로후서 3:9). 이 구절에서 하나님의 뜻은 무엇인가? 아무도 죄 가운데 멸망하지 않고, 모두가 회개에 이르는 것, 그것이 하나님의 뜻이다. 그러면 그 일이 일어나고 있는가? 그렇지 않다. 그렇지 않다면 그분의 잘못인가? 아니다. 그분의 능력이 부족해서 소원을 이루실 수 없는 것인가? 아니다.

하나님은 모두가 그리스도께 나아올 수 있게 해 주셨다. 그분은 예수님 안에서 우리가 따라야 할 본을 보여 주셨고 예수 그리스도의 보혈로 우리의 죄를 해결하셨다. 그리고 예수님을 통해 우리에게 사명을 주셨다. 그분은 예수님이 이 땅에서 사역하셨을 때와 동일한 능력을 우리에게 주셨다. 하나님의 뜻이 하늘에서와 같이 이 땅에서도 이루어질 수 있게 해 놓으셨다. 그것을 실재가 되게 하는 기폭제는 그분이 말씀하신 대로 "하늘에서 이루어진 것같이 땅에서도 이루어지도록"(마태복음 6:10) 거침없이 기도하는 사람들이다.

이 신비의 예를 들어보자. 요한복음에 기록된 위대한 이야기 중 하나가 베데스다 연못에서 일어났다. 나는 이스라엘에 있는 그 유적지에 가 본 적이 있다. 많은 이들의 이목을 끄는 곳은 아니지만, 어떤 면에서는 이스라엘에서 내가 가장 좋아하는 장소다. 하나님이 다른 어느 곳보다 나의 마음을 흔드시는 것 같다.

> 이제 예루살렘의 양 시장 곁에 히브리말로 베데스다라 하는 연못이 있는데 거기에 주랑 다섯 개가 있고 그 안에 허약한 자, 눈먼 자, 다리 저는 자, 몸이 오그라든 자들의 큰 무리가 누워 물이 움직이는 것을 기다리더라. 이는 어떤 때에 천사가 연못에 내려와 물을 휘저었고 물을 휘저은 뒤에 누구든지 먼저 들어가는 자는 무슨 병에 걸렸든지 온전하게 되었기 때문이더라. 거기에 삼십팔 년 동안 병약함을 지닌 어떤 사람이 있더라. 예수님께서 그가 누운 것을 보실 때에 그가 이제 그런 상태로 오랫동안 있은 줄 아시고 그에게 이르시되, 네가 온전하게 되고자 하느냐? 하시니 그 허약한 사람이 그분께 대답하되 선생님이여 물을 휘저을 때에 나를 연못에 넣어 주는 사람이 없어 내가 가는 동안 다른 사람이 나보다 먼저 내려가나이다 하매 예수님께서 그에게 이르시되 일어나 네 자리를 들고 걸어가라 하시니 그 사람이 곧 온전하게 되어 자기 자리를 들고 걸어가니라. 바로 그날은 안식일이더라. 요한복음 5:2-9 킹제임스 흠정역

이것은 소망 없는 한 남자가 예수님의 긍휼로 고침 받은 아름다운 이야기이다. 예수님이 하늘 아버지를 대신해 그에게 오셨다. 만일 이 이야기가 오늘날 일어났다면, 처음에 몇 사람은 흥분할 것이다. 그러나 신문 기자들이나 TV 앵커들, 신학자들이나 목사들 그리고 교사들은 연못에 있었지만 치유받지 못한 사람들을 인터뷰 할 것이다. 천사가 물을 휘저은 후 연못에 들어가서 기적을 경험하기를 바라며 모여 있던 사람들이 적어도 천여 명은 되었을 것이라고 한다. 인터뷰는 이런 식으로 진행될 것이다. "예수가 당신을 지나쳐 다른 사람을 치유하러 갔을 때 기분이 어땠습니까?"

카메라가 다리 저는 자들과 각종 병에 걸린 사람들을 비추는 가운데 기대하는 것의 위험성에 대해 경고하는 이들도 있을 것이다. 교회를 대표한다는 사람들 다수는 이 일이 하나님으로부터 온 것일 수도 있지만, 오히려 모든 사람을 치유하는 것이 하나님의 뜻은 아니라는 것을 분명하게 보여 준다는 결론을 내릴 것이다.

이유가 뭘까? 하나님은 그분이 무엇을 하실 수 있는지

보여 주시는 대신, 죄가 없으며 온전히 성령의 권능을 받으신 한 사람이 무엇을 할 수 있는지 우리에게 보여 주려 하셨던 것이다. 온통 아픈 사람들로 가득한 이 연못에 관심이 있다면, 가라! "온 세상으로 가라…"(마가복음 16:15).

하나님의 뜻은 복잡한 것이 아니다. 예수님이 하나님의 뜻이다. 그분은 우리에게 완전하신 아버지를 보여 주신다. 그 아버지는 우리 각자를 향한 위대한 꿈과 소원을 가지고 계신다. 우리는 그분의 꿈 안에 있다. 그 꿈들은 현재와 영원에 대한 것이다. 그분을 생각하고 그분의 마음과 본성대로 생각하는 시간을 가지면 우리가 평생 보고 경험하는 것에 극적인 영향을 끼치게 될 것이다. 우리는 주변의 모든 이들에게 그분을 있는 모습 그대로, 즉 선하고 완전하신 아버지로 보게 할 책임이 있다.

감사함으로 지옥을 무장 해제시키기

4장

감사는 우리를 온전한 정신으로 살아 있게 한다.

거듭나면, 하나님을 기쁘게 해 드리고 그분의 뜻대로 행하려는 갈망이 우리의 본성이 된다. 특별히 애쓰지 않아도 자연스럽게 그렇게 된다. 믿는 자들 대다수가 하나님이 그런 갈망을 우리 안에 두신 후에 그분의 뜻을 이해하기 어렵게 만들어 그것을 발견하거나 이루지 못하게 하시는 분이 아니라는 것을 모르고 있다. 하나님의 뜻은 예수 그리스도와의 친밀한 관계 가운데 무의식중에 믿는 자들의 뜻이 된다.

하나님의 뜻은 이해하기 어려운 것이 아니다. 많은 청년들이 나에게 기도를 부탁하며 "제 삶을 향한 하나님의 뜻이 무엇인지 알고 싶습니다"라고 말한다. 그러면 나는 그들에게 하나님의 뜻이 무엇인지 이미 우리가 알고 있다고 말해 준다. 그것은 주기도문에 나타나 있다. "아버지의 뜻이 하늘에서 이루어진 것같이 땅에서도 이루어지이다"(마태복음 6:10). 하나님의 뜻은 바로 천국의 실재가 이 땅의 실재가 되는 것이다.

'하늘에서 이루어진 것같이' 땅에서 이루어지도록 우리가 해야 할 일

우리는 하나님의 권위를 위임받은 자들이다. 따라서 하나님의 뜻이 이 땅에서 성취되는 것을 보려면, 우리의 순종이 대단히 중요하다. 데살로니가전서 5장 16-18절에서 바울은 다음과 같이 가르친다. "항상 기뻐하라. 쉬지 말고 기도하라. 모든 일에서 감사하라. 이것이 그리스도 예수 안에서 너희에 대한 하나님의 뜻이니라." 여기서 두 가지가 눈에 띈다.

먼저 하나님의 뜻은 단순히 우리가 의사나 교사가 될 것인지, 또는 점심에 참치 샌드위치를 먹을지, 아니면 땅콩버터 샌드위치를 먹을 것인지에 초점이 맞춰져 있지 않다는 것이다. 그분의 뜻은 항상 모든 상황 가운데 우리가 그분과의 관계에 마음을 두기 위해 무엇을 하느냐에 집중되어 있다.

두 번째로, 기뻐하고 기도하고 감사하는 것은 모두 믿음을 요구하는 의지적인 행위들이다. 특히 어렵고 연약하고 불확실한 상황 속에서는 더욱 그렇다. 이렇게 하면 우리의 초점을 하늘로 끌어올려 육신의 감각과 감정으로 무엇을 느끼고 인식하든 참된 것, 곧 진리에 우리의 뜻을 맞출 수 있게 된다. 그렇게 진리를 받아들이면 천국의 능력과 실재를 우리의 삶과 상황에 끌어들이게 된다. 그러므로 이러한 활동들이 주기도문에 표현된 하나님의 뜻을 이루어 "하늘에서 이루어진 것같이 땅에서도 이루어지게" 하는 것이다. 마음의 변화가 천국을 이 땅에 가져오는 첫 단계다.

기뻐하는 것과 기도와 감사가 하늘을 끌어당기기 때문에, 이것들은 주님 안에서 우리를 강건하게 하는 중요한 도구들이다. 우리는 이 모든 것이 우리의 삶 가운데 끊

임없이 계속되어야 한다는 것을 알게 될 것이다. 이것은 위기 때나 주일만을 위한 것이 아니다. 우리 삶의 방식이자 습관으로 모두 우리 자신에게 유익이 되는 도구들이다. 이렇게 하는 가장 큰 이유는 위기나 어려움 가운데 가만히 앉아서 어떻게 반응해야 하는지 생각해 내기가 불가능하지는 않더라도 어려운 경우가 많기 때문이다. 어려움은 우리의 삶과 마음이 진정 하늘의 관점으로 어느 정도 변화되었는지, 그래서 보통 어떤 반응을 보이는지를 드러낸다. 우리가 삶 가운데 실천하고 훈련하는 것들이 어려움을 이기는 힘이 된다.

주님은 기뻐하고 기도하고 감사하라고 가르치셨다. 이 모든 것이 우리에게 능력이 된다. 감사는 우리의 삶이 하나님의 선물이며, 그분이 모든 것의 주권자라는 진리를 인정함으로 하늘에 뜻을 맞추는 것이다. 하나님은 말할 수 없이 관대하신 분이다. 그분이 우리에게 주셔서 이 땅에서 경험하게 하신 생명은 생존을 위한 것이 아니다. 풍성함과 축복을 누리기 위한 것이다. 그러나 우리가 무엇을 받았는지 제대로 알지 못하면, 그러한 삶을 경험할 수 없다. 우리가 무엇을 받았는지를 깨닫지 못하면, 그 목적을 이해하지 못하고 그 유익을 경험할 수가 없다.

크리스마스 아침을 상상해 보자. 당신은 가족들의 관심사와 마음의 소원을 잘 알고 있기에, 가족들에게 줄 특별한 선물을 고르기 위해 지난 몇 달을 보냈다. 또한 각 사람이 기뻐하며 유용하게 사용할 최고의 선물을 사기 위해 돈을 아끼지 않았다. 그런데 가족들이 크리스마스트리 밑에 모였을 때, 한 사람은 완전히 그 선물을 무시하고, 다른 사람은 선물을 열어보더니 완전히 다른 용도로 사용한다. 또 다른 사람은 선물을 집어 들기만 할 뿐, 포장도 뜯지 않는다. 게다가 아무도 당신에게 선물을 받았다는 사실을 인정하지 않는다. 이러한 반응들이 얼마나 어리석은 것이며 그 관계에 큰 해를 끼칠지 이해되는가?

그런데 슬프게도 많은 기독교인이 하나님의 선물에, 특히 성령의 선물에 바로 이런 식으로 반응하고 있다. 많은 사람이 주님이 주신 것을 받지 못하고 있는데, 그 선물들이 어떤 것이고, 그것을 어떻게 사용하는지 이해하지 못하기 때문이다. 그들은 "방언은 가장 작은 은사야. 그러니 그것을 구할 필요 없어"라는 식의 어리석은 말을 한다. 선물을 그런 식으로 거절하는 것은 대단히 오만한 태도이다. 만약 우리 아이들이 내가 준비한 선물에 대해 이런 식으로 말했다면, 나는 매우 화가 나서 "이게 너희들 선물이야! 너희가 그것을 얼마나 하찮게 여기든 상관없어. 나는 너희를 생각하며 그 선물을 샀고, 시시한 것을 준 게 아니야. 너희가 그것을 열어 보기만 해도, 그것이 무엇이고 어떻게 사용하는지 알려 줄 거야"라고 말할 것이다.

감사는 겸손한 마음가짐이다. 감사는 하나님께서 우리에게 주신 것을 받는 유일하고 올바른 방법이다. 우리가 무엇을 받았는지 아직 모르지만, 그분의 선하심을 신뢰한다는 것을 표현함으로 그분과의 관계를 존중하는 것이기 때문이다.

하나님은 두 가지 중요한 이유로 우리에게 "온갖 좋은 은사와 온전한 선물"을 주신다(야고보서 1:17). 그분은 우리가 삶에서 성공할 수 있게 번영시켜 주시고, 그분과의 관계 안으로 우리를 초청하여 그분의 사랑을 보여 주신다. 우리가 감사를 삶의 모습과 습관으로 훈련하면, 주님께 받은 선물이 이러한 목적으로 왔다는 것을 알게 된다. 감사는 관계 안에서 하나님을 알고 그분이 왜 우리를 만드셨는지 그 이유를 발견하는 과정으로 우리를 인도한다.

작은 감사의 큰 가치

하나님이 우리에게 감사하라고 말씀하실 때, 우리에게 무엇을 받으려고 주신다는 것을 은근히 내비치시는 것이 아니다. 그분은 선물로 조종하시는 분이 아니다. 감사 자체가 우리의 삶에 대한 진리를 인정하는 것이기 때문에 감사하기를 원하시는 것이다. 그리고 우리가 진리를 받아들여 뜻을 같이하면, 진리가 우리를 자유롭게 하여 그분의 형상으로 창조된 우리 안의 위대함이 드러나게 된다. 하나님께 감사하지 않는 것은 사실 우리의 정체성을 스스로 차단하는 것이다. 이것이 바로 바울이 로마서 1장 18-21절에서 설명하는 것이다.

하나님의 진노가 불의 안에서 진리를 붙잡아 두는 사람들의 모든 경건치 아니한 것과 불의를 대적하여 하늘로부터 계시되었나니… 그러므로 그들이 변명할 수 없느니라. 그들이 하나님을 알되 그분을 하나님으로 영화롭게 하지도 아니하고 감사하지도 아니하며 오히려 자기들의 상상 속에서 허망해지고 또 그들의 어리석은 마음이 어두워졌나니

킹제임스 흠정역

바울은 근본적으로 하나님은 자신이 누구인지 비밀로 하지 않으셨다고 말한다. 하나님을 아는 것은 어려운 일이 아니다. 사실 세상에서 가장 명확하고 알기 쉬운 일이다. 오직 그분을 하나님으로 영광스럽게 하며 감사드리기만 하면 된다. 이러한 반응은 진리에 우리의 뜻을 일치시키는 것이기에 하나님을 아는 지식이라는 엄청난 보화들에 자유롭게 접근할 수 있게 된다. 그렇지만 이러한 반응이 없으면, 당신의 생각은 허망해지고 마음은 어두워진다. '허망하다'는 것은 '목적이 없다'는 말이다. 범사에 감사하는 태도를 유지하지 못하면, 우리의 생각이 하나님 안에 있는 목적에서 끊어지게 된다. 우리가

삶의 목적을 잃어버리면, 하나님의 의도가 아닌 다른 것을 선택할 수밖에 없을 것이다. 그것은 우리를 향한 하나님의 계획을 훼방하기에 파괴적일 수밖에 없다.

어두운 마음은 영적 실재를 깨달을 수 없다. 주님의 갈망이나 사랑에 반응하지 않는다. 그러므로 생명의 근원이신 그분과의 관계를 위한 초대에 응할 수 없다. 바울이 로마서 1장에서 계속 설명하고 있듯이, 어두운 마음은 우리의 갈망을 타락시켜 정체성과 관계를 훼손시키는 모든 종류의 죄악으로 이끈다. 인류의 가장 심각한 죄는 감사하지 않음으로 열린 문을 통해 들어온다.

감사의 정결케 하는 특성

감사는 우리를 생명과 목적의 근원에 연결시켜 온전한 정신으로 살아 있게 한다. 그래서 바울은 우리에게 "범사에" 감사하라고 가르친 것이다(데살로니가전서 5:18).

감사는 우리를 온전한 정신으로 살아 있게 한다.

특히 고난과 역경의 때에 강력하고도 특별한 차원의 감사가 있다. 이 원리는 바울이 디모데에게 보낸 첫 번째 편지에 나타난다.

> 이제 성령께서 분명히 말씀하시기를 마지막 때에 어떤 사람들이 믿음에서 떠나 유혹하는 영들과 마귀들의 교리에 주의를 기울이리라 하셨는데… 이들이 혼인을 금하고 음식물을 삼가라고 명령할 터이나 음식물은 하나님께서 창조하사 진리를 믿고 아는 자들이 감사함으로 받게 하셨느니라. 하나님의 모든 창조물은 선하고 감사함으로 받으면 거부할 것이 하나도 없나니 그것은 하나님의 말씀과 기도로 거룩히 구별되었느니라. 디모데전서 4:1-5 킹제임스 흠정역

음식은 초대교회가 고심하던 문제이다. 특히 우상에게 바쳐진 음식을 먹는 것은 가장 '논란이 되는 문제들' 가운데 하나였다. 유대인들과 이방인 회심자들은 모두 이 음식이 악한 영들에게 바쳐지면서 부정해졌을 것을 두려워했다. 당시의 거짓 교사들은 이러한 미신을 미끼 삼아 온갖 속박과 분열을 일으켰다.

흥미롭게도 바울은 디모데전서 4장에서 이러한 미신을 뒤집으며 우상에게 바쳐진 음식은 아무것도 아니라고 말한다. 그는 단순히 하나님의 말씀과 기도에 감사를 더하는 것이 우상에게 바쳐졌던 것을 철회하고 더 크고 강하신 주님께 바쳐진 것이 되게 할 만큼 강력하다고 말한다. 감사함으로 받으면 버릴 것이 없고 거룩히 구별된다는 것이다.

성별은 성경 전체에서 매우 중요한 주제다. 구약에서는 모세의 성막, 나중에는 솔로몬 성전에서 제사에 사용될 각종 악기와 그릇과 기구들을 구별하기 위해 규정하신 특별한 의식들과 관련이 있다. 예를 들어, 금세공업자가 제사에서 사용할 그릇을 만든 후에 제단의 피를 뿌리면, 그 순간부터 그것은 성전 제사를 위해서만 사용하게 된다. 하나님께 온전히 구별된 것을 성별이라고 한다.

신약에서는 믿는 자들이 예수님의 피로 거룩하게 되어 하나님께 구별된다. 이것은 훨씬 더 강력한 성별이다. 우리는 단순히 그분의 목적을 이루는 데 사용되는 그릇이 아니다. 우리를 통해 그분의 생명과 능력과 사랑이 흘러가는 바로 그 과정 가운데 우리가 그분의 형상으로 변화된다. 우리를 구별하신 분과 같은 존재가 된다.

바울은 감사가 부정한 음식을 거룩하게 한다고 하면서 그것이 하나님과 그분의 목적을 위해 구별된다고 말하는 것이다. 감사는 실제로 음식의 본질을 거룩한 것으로 변화시킨다. 이 진리는 부정한 음식뿐만 아니라, 하나님 외에도 다른 권세가 작용하는 삶의 모든 상황에 적용된다. 삶에서 일어나는 모든 일이 하나님의 뜻은 아니라는 것을 기억하라. 그분 때문에 한 나라나 개인이 직면하는 위기 상황이 일어나는 것이 아니다. 그분은 선하지 않은 것은 주실 수가 없다. 그분께는 선하지 않은 것이 없기 때문이다. 누구든지 자기가 가진 것을 줄 수 있을 뿐이다.

하나님은 오직 좋은 것들만 선물해 주시는데, 그분이 선하시기에 주실 것이 선한 것들 밖에 없기 때문이다. 따라서 범사에 감사한다는 것은 역경이 하나님으로부터 왔다는 말이 아니다. 그러나 우리의 믿음을 약화시켜 우리를 파괴하는 역경이나 어려움 가운데에서도 감사하면 우리가 그런 상황을 제어하여 하나님과 그분의 목적에 구별할 수 있다.

감사할 때, 원수가 우리를 거룩한 목적에서 벗어나게 하려고 사용하려던 무기가 우리 손에 넘겨져 그것으로 그 목적을 더 온전히 이루게 된다. 예수님은 아버지께서 주신 바로 그 사명을 우리에게 주어 보낸다고 선포하셨다. 그것은 바로 마귀의 일들을 멸하는 것이다(요한복음 3:8). 감사함은 하나님 나라의 정의를 이룬다. 그리고 원수는 그곳에서 우리를 파멸시키기 위해 사용하려던 바로 그것으로 멸망하게 된다. 원수의 목적을 파괴하는 데 참여할 수 있다는 것을 아는 것만으로도 우리는 감사해야 한다.

정의 풀어놓기

성경에서 하나님의 정의를 가장 분명하게 보여 주는 예 중 하나가 에스더서에 나타난다. 모르드개를 파멸시키기 위해 세운 장대에 자기가 달리게 된 하만의 이야기다. 이 정의는 나중에 모르드개가 왕의 궁전에서 하만의 자리에 앉게 되면서 훨씬 더 완전해진다. 이 이야기에서 놀라운 것은 모르드개가 직접 정의를 실현할 필요가 없었다는 것이다. 그는 단지 이교도 왕과 그 백성에 대한 자신의 의무에 계속 집중했을 뿐이다. 이것이 하나님 나라의 전쟁의 속성이다. 우리는 마귀에게 집중하며 싸우지 않는다. 우리가 왕과 그분의 나라에 계속 집중하면, 우리의 삶을 통해 풀어지고 지속적으로 확장하며 전진하는 하나님의 통치에 마귀가 쫓겨날 수밖에 없다. 이것이 역경의 때에 감사하는 것이 능력 있는 또 다른 이유다.

시편 100편 4절은 우리가 "감사함으로 그의 문에 들어가며"라고 말한다. 감사는 우리를 하나님의 분명한 임재 안으로 데려가서 우리의 상황 가운데 하나님이 무엇을 행하고 말씀하고 계시는지 보고 듣게 해 준다. 감사드리면 우리의 초점을 그분께 고정시킬 수 있게 되어 땅의 실재가 아니라 하늘의 실재를 인식하게 된다. 하늘의 능력이 우리의 상황에 풀어지게 하려면 이렇게 해야 한다.

하나님 의식하기

나는 그 무엇보다 하나님의 임재를 의식하며 살아 보기로 결심했다. 때로는 갈등이나 문제가 TV로 접하는 좋지 않은 뉴스만큼이나 단순한 경우도 있다. 그러나 갈등이 나의 마음을 짓누르며 하나님을 의식하는 것보다 커지기 시작하면, 나는 하나님의 임재에 더 집중하기 위해 의식적으로 내 마음을 그분께 쏟는다. 이것이 효과가 없으면, 하나님을 의식하는 것이 내 마음을 짓누르는 문제보다 더 커질 때까지 초점을 바로잡기 위해 TV를 끄고 거기서 나간다. 그분이 더 크시다는 것을 머리로만 알 수 있는 것이 아니다. 내 모든 존재가 그분의 임재를 의식하는 상태로 그분의 세상이 내 삶과 상황에 침투하기를 기다려야 한다. 이러한 기대감을 유지하지 않으면, 다른 힘이 내 삶을 움직이는 주된 세력이 되어 우리는 공격적이기보다는 방어적으로 살게 될 것이다.

감사함으로 하나님의 임재 곁에 머물러 있으면, 불가능한 영역으로 밀고 들어가는 그분의 절대적인 능력을 인식하게 될 뿐만 아니라, 나를 향한 그분의 근본적인 사랑과 기쁨을 깨닫게 된다. 하나님이 내 삶에 두신 좋은 선물에 감사하면서 그분이 내 아버지이며 내 편이시고, 그분의 생각이 다른 모든 것들을 무효화한다는 확실한 증거를 내놓게 된다. 놀라운 것은 우리가 단순히 감사하기 시작할 때, 심지어 응답받은 기도를 하나도 기억해 내기 어려워 보이는 상황이라도, 곧 삶 가운데 좋은 것에 초점을 맞추게 되면서 주님의 기쁨이 임하는 문을 열게 된다는 것이다. 그래서 바로 주님을 기뻐하는 것이 우리의 힘이라는 것이다.

**이러한 기대감을 유지하지 않으면
다른 힘이 내 삶을 움직이는 주된 세력이 되어
우리는 공격적이기보다는 방어적으로 살게 될 것이다.**

야고보는 시험을 당하거든 기쁘게 여기라고 말하는데, 나는 그가 감사에 대해 이야기하는 것이라고 생각한다. 감사하는 것에는 하나님이 우리 삶에 베풀어 주신 은혜와 은사들을 헤아려 보는 것이 포함되기 때문이다.

헤아려 보라! 어려움 가운데 힘을 주는 감사의 능력을 발견하기 원한다면, '이제 기뻐해야겠다'는 결론에 도달할 때까지 계속 헤아려 보라. 당신의 삶을 감싸고 스며드는 하나님의 사랑과 선하심에 대한 깨달음으로 충만해져서 자신의 상황에 의기소침한 상태로 있을 수가 없다.

감사를 삶 가운데 훈련하여 이를 수 있는 단계가 있다. 바로 우리의 기도가 이루어지고 응답된 것을 기억하는 자리이다. 어려움이 올 때, 우리에게는 헤아릴 수 없는 은혜와 복들이 있다. 그래서 즉시 그분의 임재와 우리를 향한 그분의 기쁨과 즐거움 속으로 들어갈 수 있다. 이것은 우리에게 엄습할 수 있는 어떠한 비난이나 위기 또는 갈등보다 훨씬 더 큰 실재이다. 우리가 이 영역에서 살아가는 법을 배우면, 아무것도 우리를 목적에서 벗어나게 할 수 없다. 심지어 원수도 우리가 그 목적을 성취할 수 있도록 돕게 된다. 그러므로 하늘의 관점에서는 "범사(모든 것)에" 감사하는 것이 합당하다!

두려움과 위기, 불확실한 시대에
믿는 자들을 위한 영혼의 메시지

마음을 견고히 하라

초 판 발 행 | 2020년 11월 20일

지 은 이 | 빌 존슨
옮 긴 이 | 서은혜

펴 낸 이 | 허철
총　　괄 | 허현숙
책임편집 | 김은옥, 김선경
제　　작 | 강대성
디 자 인 | 한영애
인 쇄 소 | 예원프린팅

펴 낸 곳 | 도서출판 순전한 나드
등록번호 | 제2010-000128
주　　소 | 서울특별시 강남구 언주로69길 16 (역삼동) 2층
도서문의 | 02) 574-6702
팩　　스 | 02) 574-9704
홈페이지 | www.purenard.co.kr

Printed in Korea

이 도서의 국립중앙도서관 출판예정도서목록(CIP)은 서지정보유통지원시스템 홈페이지(http://seoji.nl.go.kr)와 국가자료공동목록시스템(http://www.nl.go.kr/kolisnet)에서 이용하실 수 있습니다.
(CIP제어번호 : CIP2020038657)